« L'aire de famille »

Yves Boulvin

REBONDIR APRÈS L'ÉCHEC

Un chemin psychologique et spirituel

éditions
saint-augustin

Note de l'éditeur: L'auteur trace un chemin unissant étroitement ses compétences psychologiques et son écoute de la Bible.

Le lecteur chrétien sera ainsi rejoint en profondeur. Mais celle ou celui qui adhère à une autre tradition philosophique ou religieuse découvrira aussi avec curiosité et profit les ressources que lui propose cette approche originale, où l'humain et le spirituel sont indissociables.

On comprendra mieux la perspective de l'auteur, née de son expérience de vie, en lisant son avant-propos.

Case postale 51
CH – 1890 Saint-Maurice

ISBN 2-88011-344-X

Avant-propos

Nous ne nous rendons pas toujours compte de l'influence qu'ont sur nous les mots que nous utilisons pour décrire la réalité extérieure et la façon dont nous y réagissons. Il y a des mots pièges, des phrases poison que l'on nous a appris, que nous répétons et qui colorent négativement notre vécu quotidien. « Au commencement était la parole… et la parole s'est faite chair. » Dieu nous a donné le don de la parole : une parole juste, objective, aimante, lumineuse, vivifiante, encourageante. Comment l'utilisons-nous ? Ne la retournons-nous pas trop souvent en paroles négatives, suivant ainsi l'exemple du serpent de la *Genèse*, qui travestit la parole de Dieu et invite au jugement et à la critique ? Au lieu d'adhérer au réel, de nous adapter positivement, de tirer la leçon, de prendre des décisions constructives, nous préférons souvent nous plaindre, nous révolter, faire des reproches, nous sentir victimes. Dieu tout amour veut nous libérer de ces captivités, en nous éclairant et en nous aidant, quoi qu'il se passe, à repartir, à rebondir. Il met en nous un vrai ressort intérieur.

Renaître, c'est passer d'une façon de penser et de parler dramatisante, perfectionniste et négative à une parole profonde qui vient du cœur, qui exhorte, qui stimule, qui libère. Pour l'enfant de Dieu qui nous habite, tout est apprentissage, tout est occasion, opportunité. Il n'y a pas pour lui, à proprement dit, de « réussite » ou « d'échec », mais un vécu qu'il assimile, qu'il intègre comme une expérience, car « tout concourt au bien de ceux qui aiment Dieu » (et qui se laissent aimer par lui). Cela n'empêche pas la contrition profonde, le regret de ses erreurs, la vision de tel ou tel « gâchis », mais l'enfant de Dieu, comme l'adulte en nous, sait réalistement qu'il fera d'autres erreurs. Il en tirera un bien à chaque fois, allant d'imperfections en imperfections de mieux en mieux assumées et se dirigeant vers un idéal qu'il poursuivra concrètement en vivant l'« ici et maintenant » dans la paix et la joie de Dieu.

L'auteur de ce livre a vécu lui-même tout un itinéraire de mise à jour de son identité profonde. « Vilain petit canard » car ayant eu à sortir d'un scénario familial privilégiant les études scientifiques, il découvrit à l'adolescence son être de « cygne » grâce à un psychologue qui reconnut en lui, et dans sa problématique, l'étoffe d'un futur thérapeute. Venant d'un milieu aux valeurs traditionnelles avec son lot de sentiments cachés et de mésententes, il doit à la providence, à l'issue de ses études de psychologie à la Sorbonne à Paris, d'être entré « par chance » dans un cabinet conseil où il développa des techniques de résolution de problèmes, de créativité et où il se réconcilia avec le milieu professionnel qu'il refusait jusque-là car son père, ingénieur, avait été absorbé par ses responsabilités de dirigeant. Après avoir fui l'entreprise, il la retrouva par le biais de son métier de formateur en relations humaines…

Ayant connu déménagements, éloignements familiaux, ruptures dans son enfance, il commença à reproduire ces fractures dans sa vie sentimentale, avant de prendre conscience de son scénario de *victime* et de *sauveteur* et de se diriger enfin vers une vie conjugale heureuse et harmonieuse.

Vers l'âge de 30 ans, dans une période de solitude et de bouleversement affectif, il entendit chanter, dans une station balnéaire, des jeunes qui avaient l'air épanouis. Les passants les prenaient pour les membres d'une secte. Ils déclarèrent seulement être chrétiens. Ils disaient des mots simples, n'affichaient aucun dolorisme, pas de phrases culpabilisantes, mais dans leur regard, leur sourire, l'auteur découvrit ce qu'il cherchait depuis longtemps : l'innocence choisie et retrouvée, l'émerveillement, la gratuité, un amour positif. Il perçut ce qu'il appela la « ronde des petits enfants de Dieu » qui chantent et dansent autour de lui. Il ressentit profondément : « Heureux ceux qui pleurent, ils seront consolés » ; « Heureux les miséricordieux, ils obtiendront miséricorde » ; « Heureux les artisans de paix, ils seront appelés Fils de Dieu » ; « Heureux les cœurs purs car ils verront Dieu… » La voie de l'agneau infiniment confiant dans son berger, celle du petit enfant qui se sait tendrement aimé par son Père céleste, s'ouvrait devant lui.

Écrit par un témoin de la miséricorde divine, par un accompagnateur, un frère dans l'épreuve, ce livre se veut à la croisée du christianisme, de la psychologie et de la pédagogie du changement que développent les formateurs en entreprise et les *coachs* sportifs. Il a été rédigé pour faire face à la dépression, au découragement et à toutes ces visions négatives que la société propose encore trop souvent. L'auteur doit à l'analyse transactionnelle d'Éric Berne la compréhension qu'il y a en nous de multiples facettes et que nous pouvons être à la fois *Parent-Adulte-Enfant*. Il doit aux prêtres, pasteurs, guides et pères spirituels rencontrés, la prise de conscience que ce qui est vrai au niveau des hommes l'est aussi dans la relation à Dieu qui se présente à nous sous ces trois aspects. Dieu est à la fois tout-puissant et infiniment vulnérable. Il respecte totalement notre liberté et sa volonté, toujours positive, épouse notre volonté la plus profonde, s'adaptant à nos choix et les rendant féconds.

PREMIÈRE PARTIE

Utiliser l'épreuve pour se transformer

Qui ne s'est posé la question du sens de son existence ?

Selon le regard que nous portons sur la vie, plusieurs réponses sont évidemment possibles. Mais profondément nous savons que nous sommes sur terre pour mettre à jour les dons, les talents qui nous sont donnés et les faire fructifier pour notre bien et celui d'autrui. En ce sens, le moment le plus important de notre existence est celui où nous devenons enfin pleinement nous-mêmes, où nous renaissons[1]. Alors, le ciel et la terre s'unissent en nous : nous entrons dans la fécondité de tout notre être, nous sommes enfin dans notre axe...

1. Cf. Évangile selon Jean 3, 3.

Chapitre premier

NOUS SOMMES LÀ POUR APPRENDRE

Chacun de nous est la pièce unique d'un immense puzzle et nous avons besoin les uns des autres. Si une pièce est « mal taillée », elle n'épouse pas bien la forme de ses voisines. Autrement dit, pour que le puzzle soit harmonieux, il faut que chacun soit vraiment lui-même. Aucune pièce n'est « mieux » que les autres. Quel serait le sentiment de celui qui vient de finir un puzzle de 5000 pièces s'il en manquait une, quelle qu'elle soit ?

Pour prendre une autre image, nous pouvons dire que nous sommes aussi complémentaires que le sont entre eux les instruments d'un orchestre qui ont, chacun à leur place, une partition spécifique à jouer. Or, c'est l'harmonie de ces instruments qui permet d'obtenir une belle mélodie. Découvrir l'instrument qui est le nôtre, en jouer le mieux possible et au bon moment, tel est le but de notre vie. Pour y parvenir, il nous faudra souvent un apprentissage long, voire difficile et cela d'autant plus que notre instrument est délicat ou compliqué.

Quand des personnes se confient à moi, en tant que thérapeute, et que nous relisons ensemble leur vie, je constate qu'elles ont souvent davantage appris à travers certaines blessures d'enfance, des difficultés éducatives et de couple, des épreuves morales ou physiques... que si leur vie s'était déroulée d'une façon linéaire, « sans histoire ». Cela, bien sûr, à condition qu'elles aient compris que toute souffrance acceptée vraiment peut se retourner en fécondité.

Je pense à Aude, cette brillante étudiante dont l'existence bascula à cause d'un accident de moto. Son frère conduisait. Quelques secondes d'inattention de sa part, et elle se retrouva « cassée » à l'hôpital, subit plusieurs opérations et entama quatre longues années de rééducation. Elle dut aussi entreprendre de complexes démarches administratives : « Quatre ans de galère » avait-t-elle coutume de dire. Mais, au fil des entretiens, Aude abandonna ses révoltes et commença à voir ses difficultés sous un autre angle, celui du « oui » à ce qui est, celui de l'adhésion au réel. Elle prit progressivement conscience de ce qu'il y avait de fécond dans cette épreuve et trouva sa vraie voie. Elle devint une kinésithérapeute du sport très recherchée et elle s'occupe maintenant, à son tour, d'accidentés. Ses compétences viennent sans doute en partie de ce qu'elle ressentit elle-même dans son corps meurtri quand elle eut besoin d'être soignée. La connaissance des conséquences physiques, affectives, psychologiques (avec ses moments de profond découragement) et des difficultés administratives qu'une telle situation engendre lui permet de bien accompagner ses patients, d'avoir le geste sûr et de trouver les mots justes. Voilà comment, d'un événement qui aurait pu être évité et être considéré, au départ, comme très négatif, est née une vraie vocation qui, aujourd'hui, remplit Aude de joie.

J'évoquerai aussi le cas de cet homme qui, enfant, entendait sa maman lui répéter sans cesse qu'il était « méchant », un « mauvais garçon »... Adulte, il plongea dans la délinquance, trafiqua, vola, entra dans « la peau du bandit » que sa mère lui avait prédit qu'il deviendrait. Emprisonné, il vécut une grave dépression. Tout était ratage dans sa vie. Une fois libéré, il connut l'enfer des médicaments dont il n'arrivait pas à se sortir. Il chercha de l'aide partout : médiums, cartomanciennes, psychologues, médecins, rien n'y fit. Il était dans le désespoir total. Installé dans le sud-est de la France, où il avait ses racines, il ne trouvait un peu de paix que dans de longues promenades dans la garrigue, dans les collines avoisinantes qu'il appelait ses « montagnes ». Sans connaître Dieu, il l'appela à l'aide. Peu à peu, il sentit quelque chose émerger en lui, comme si son cœur s'ouvrait pour la première fois : une chaleur dans sa poitrine, un flux d'amour infini qui le traversait. Il se mit à regretter sincèrement son passé et fit l'expérience d'une contrition profonde. Il resta un moment tiraillé entre ce qui lui arrivait alors, et dont il comprenait toute l'importance, et le banditisme d'où il venait où l'argent se gagne facilement, sans avoir besoin de travailler. C'est à ce moment-là qu'il vint me faire part de ses difficultés. En déroulant l'écheveau de sa vie, il me parla de ses blessures affectives, des paroles dévalorisantes de sa mère, de l'absence d'un père structurant, de son divorce, suite logique de ses manques enfantins, de sa difficulté à élever sa fille qui se droguait et à s'intégrer dans une vie sociale... Il réalisa que toutes ces épreuves, en le conduisant au banditisme, l'avaient éloigné de ce qu'il était vraiment. La lecture de la parabole du fils prodigue (Luc 15) finit de donner un sens à son existence. Il se demanda pourquoi tout cela lui était arrivé et ce qu'il pouvait en tirer de positif. Au plus profond de sa dépression, il se souvint qu'il aurait aimé qu'une main compatissante se tende vers la sienne et entendre une voix amicale lui dire : « Je te comprends car j'ai vécu la même chose que toi et voilà comment je m'en suis sorti. » En prenant conscience de cela il me dit : « Ce que j'aimerais faire, d'une façon ou d'une autre, c'est pouvoir dire à tous ceux qui sont dans des prisons intérieures, qui vivent la dépression, n'ont plus aucun espoir : Je suis passé par là. Voilà ce que j'ai vécu, ce que j'ai compris. Toi aussi tu peux t'en sortir ! » Aujourd'hui, il intervient sur les ondes, contribue à rédiger des articles où il parle de ses « enfers » et du ciel qui s'est ouvert en lui, afin de redonner confiance et courage aux autres. Il s'inscrit dans la mouvance de Martin Gray[2] qui perdit deux fois les siens, d'abord dans le ghetto de Varsovie puis dans un incendie en Provence, fonda ensuite un troisième foyer et se mit à écrire des livres pour insuffler l'espoir et dire que tout est toujours possible. Combien de personnes ont été aidées par son témoignage !

Découvrir la fécondité de ce que nous avons vécu

Lorsque nous repassons le film de notre vie, nous avons parfois l'impression que tout s'est déroulé

---

2. Martin GRAY, *Au nom de tous les miens*, Paris, Robert Laffont, 1971.

comme si nous avions attiré et vécu des situations similaires. Ces répétitions sont liées en grande partie à des blessures d'enfance mal « cicatrisées ». Alors, plutôt que de les analyser en termes d'échecs ou de réussites, plutôt que de les justifier en évoquant la volonté divine – Dieu nous aime inconditionnellement ; en chacun de nous ruisselle son Amour ; il ne nous inflige ni épreuve, ni punition – ne devrions-nous pas nous demander quels en sont l'origine et le sens ?

Chacune des pièces du puzzle a son propre rôle à tenir. C'est ainsi que se bâtit une société de complémentarité et d'amour. Mais notre rôle ne nous apparaît pas d'emblée. Il nous faut souvent aller à sa recherche, le découvrir, le lire à travers tous les événements de notre existence qui concourent à nous donner les « outils » nécessaires à la réalisation de notre vocation. Nous avons vu comment Aude, par son expérience et sa connaissance des séquelles physiques et morales d'un accident, peut aujourd'hui aider les personnes qui ont vécu des événements et des blessures semblables. Tout ce que l'on a traversé de difficile et que l'on a intégré positivement, après avoir connu les phases habituelles de refus, de négation, de découragement, de victimisation, de rejet de la responsabilité sur autrui : « C'est de la faute de… » permet d'aider vraiment ceux qui, aujourd'hui, passent par les mêmes étapes. Seuls d'anciens alcooliques, les « alcooliques sobres » comme ils se nomment eux-mêmes, sont un véritable secours pour ceux qui boivent.

On ne peut devenir psychologue, thérapeute, si l'on n'a pas connu soi-même quelque chose de la souffrance de ceux qui ont été non désirés, rejetés, n'étaient pas du sexe souhaité, ont eu des parents qui ne s'entendaient pas ou se sont séparés, les ont déçus en ne réalisant pas les projets que ceux-ci avaient imaginés etc. On ne peut évidemment pas tout vivre et heureusement, mais pour comprendre les autres il faut avoir connu sa part des grandes blessures qui sont au cœur de l'homme: abandon, rejet, humiliation, injustice, trahison, séparation. Il faut les avoir connues, au moins en partie, et s'en être sorti pour devenir un passeur, un ouvreur, un éclaireur.

Nous avons tous nos liens, nos prisons, nos limites, nos enfermements. Pour nous en dégager, pour aborder une vie nouvelle dans laquelle nous allons nous réaliser, la vraie vie, pour devenir à notre tour un pont et un passeur, il est nécessaire que nous empruntions un chemin libérateur. Celui-ci passe par l'abandon de notre « vieil homme » avec ses habitudes, ses scénarios, ses obsessions, ses prisons dans lesquelles il s'enferme régulièrement (tabac, alcool, drogues de toutes sortes...) et qui ne sont que des béquilles, une façon de se faire mal. Sans parler des phrases poison du genre «Je n'y arriverai jamais...; Tout se paie un jour... » ou encore des mots aliénants comme «échec» ou «réussite» qui sont des jugements à court terme.

Notre chemin libérateur passe par des unions mais aussi des séparations... Nous avons besoin des unes comme des autres pour qu'émerge une nouvelle partie de nous-mêmes: l'enfant de Dieu en nous, l'enfant de lumière. Celui-ci viendra à jour en faisant craquer sa coquille comme le petit oiseau sort de son œuf. La parabole du fils prodigue en est une illustration: une partie de nous, représentée par le fils aîné, reste dans l'union et une partie de nous, représentée par le fils prodigue, connaît la séparation. Les deux sont nécessaires. Prendre conscience de cet antagonisme nous permet de relativiser ce que nous vivons et nous conduit à nous unifier progressivement. Nous ne sommes pas et ne serons jamais « parfaits » sur cette terre. Nous irons d'imperfections en imperfections de mieux en mieux acceptées, que nous laisserons traverser par la lumière de Dieu.

On cite à ce sujet un enfant qui, au cours de la messe dominicale, distrait sa maman en prière et lui montre un vitrail représentant un saint : « C'est qui ça ? » La maman perturbée répond : « Heu, c'est un chrétien. » Un peu plus tard, l'enfant indique un autre vitrail : « C'est qui ça ? » La maman dit une fois de plus, un peu agacée : « C'est un chrétien. » Il pose la même question pour la troisième fois en tendant le doigt vers un autre vitrail et reçoit une réponse identique. La semaine suivante, au catéchisme, il est demandé aux enfants : « Qu'est-ce qu'un chrétien ? » Le petit garçon lève la main et répond : « C'est quelqu'un à travers qui on voit la lumière… »

Un vitrail n'est pas toujours propre. Il n'est pas lui-même la lumière, mais il prend tout son éclat en se laissant traverser par elle. Ainsi en est-il de nos vies. Laissons le charpentier de Nazareth mettre des fenêtres dans chacune de nos blessures pour qu'à travers elles passe la lumière. Rien de ce que nous avons vécu n'est inutile, aucune goutte de souffrance offerte n'est perdue : « Tout concourt au bien de ceux qui aiment Dieu. »

C'est aussi ce que nous révèle cette histoire indienne du porteur d'eau.

Tous les jours un porteur d'eau livrait son maître. Pour cela, il utilisait deux cruches. Il les suspendait aux extrémités d'une pièce de bois qui épousait la forme de ses épaules. L'une des cruches, qui était fêlée, perdait la moitié de l'eau qu'elle contenait pendant le trajet. L'autre, intacte, conservait la totalité du précieux liquide jusqu'à la maison du maître. Cela dura deux ans. La cruche « parfaite » était fière d'elle tandis que la cruche endommagée avait honte de ne pas remplir correctement sa fonction, ce qu'elle considérait comme un échec permanent. Un jour, la cruche fissurée confia sa culpabilité au porteur d'eau. Elle lui fit remarquer qu'à cause d'elle il ne pouvait pas remplir sa mission correctement. Le porteur d'eau fut touché par cette confession et, plein de compassion répondit :

« Pendant que nous retournerons à la maison du maître, regarde les fleurs au bord du chemin. »

Au fur et à mesure de leur montée, au long de la colline, la cruche fissurée vit de magnifiques fleurs toutes baignées de soleil sur les bords de la route, et cela lui mit du baume au cœur. Mais à la fin du parcours, elle avait encore perdu la moitié de son eau…

Le porteur d'eau dit à la cruche :

« T'es-tu rendu compte qu'il n'y avait de belles fleurs que de ton côté, et aucune du côté de la cruche intacte ? J'ai toujours su que tu perdais de l'eau. Alors, j'en ai tiré parti en semant des graines de ton côté et, chaque jour, tu les as arrosées tout au long du chemin. Pendant ces deux années, grâce à toi, j'ai pu cueillir des fleurs qui ont décoré la table du maître. En plus de l'eau que tu as transportée, il était ravi de trouver d'aussi beaux bouquets. »

Nous pouvons tirer la leçon suivante de cette histoire : chacun de nous est « cruche » et nous avons à nous laisser remplir par l'amour divin pour pouvoir le répandre autour de nous. Certains sont cruches sans le savoir et vivent dans l'illusion d'être parfaits. D'autres se reprochent leur état de cruches, se dévalorisent, sans réaliser le parti que Dieu peut tirer de leurs imperfections. D'autres, enfin, ont découvert qu'une cruche peut être utile, qu'elle est une servante parmi d'autres, et ils se réjouissent de leur fécondité de cruches.

Ne plus nous étiqueter de parfaits, d'imparfaits, de cruches, de « vilains petits canards », permettrait à notre identité de « cygne », de « prince », de « princesse », d'enfant de Dieu, de s'épanouir. Nous trouverions alors chacun notre place dans le monde, guidé et inspiré par Dieu.

La vie est une suite d'erreurs et de progrès dont nous avons à tirer parti : l'évolution est le fruit d'une expérience et d'un apprentissage incessants. Notre devoir n'est pas d'être parfaits mais d'aller, d'imperfections en imperfections, vers un approfondissement et un accroissement de ce que nous sommes vraiment, dans l'amour et la sagesse de Dieu.

De toutes nos failles, Dieu fait un bien. Il transforme nos imperfections en y mettant sa sainteté, sanctifie et rend utile toutes les souffrances qui lui sont offertes, comme le confirme l'histoire de Jonathan.

« Quand le petit Jonathan, âgé de huit ans, arrive avec les bergers à la crèche de Bethléem, il regarde l'Enfant et ses yeux se remplissent de larmes.

– Pourquoi pleures-tu ? lui demande Jésus.

– Parce que je ne t'ai rien apporté.

– Tu peux quand même m'offrir quelque chose, répond Jésus.

Alors, Jonathan rougit de joie et dit :

– Je veux bien t'offrir ce que j'ai de plus beau.

– Je voudrais trois choses de toi, dit Jésus.

Jonathan proposa aussitôt son *game-boy*, son train électrique et son plus beau livre qui contient de si belles images.

– Non, dit Jésus, je n'ai pas besoin de tout cela, ce n'est pas pour ça que je suis venu sur la terre. Ce que je veux de toi, c'est tout autre chose.

Jonathan a très envie de savoir ce que veut Jésus et demande :

– Quoi ?

– Offre-moi ton dernier devoir, souffle Jésus afin de n'être entendu de personne d'autre que du petit garçon.

Jonathan est mal à l'aise. Il s'approche de Jésus et lui confie :

– Le maître a mis "insuffisant" comme appréciation.

– C'est pour ça que je le veux, répond Jésus.

– Pourquoi ? demande Jonathan.

– Donne-moi toujours ce qui est classé "insuffisant" dans ta vie, c'est promis ?

Et Jonathan promet.

– Je veux encore un autre cadeau, dit Jésus. Donne-moi ton bol du petit déjeuner.

– Je ne peux pas, dit Jonathan, je l'ai cassé ce matin !

– Apporte-moi ce qui est cassé dans ta vie, je le réparerai.

– Je veux bien, je te le donnerai aussi.

– Voici mon troisième désir, dit Jésus. Confie-moi la réponse que tu as faite à ta mère quand elle t'a demandé comment le bol s'était cassé.

Alors, Jonathan se met à pleurer, il est tout secoué de sanglots et son chagrin est très sincère. Il bredouille :

– J'ai dit que le bol était tombé par terre à cause de ma petite sœur, mais en fait, c'est moi qui l'ai jeté par terre parce que j'étais très en colère.

– Apporte-moi tous tes mensonges, tes jalousies, ta fierté, tout ce que tu penses avoir fait de méchant, dit Jésus. Et si tu viens avec tout ça vers moi, je te prendrai dans mes bras, je te consolerai et je t'aiderai.

Je veux te libérer. Je t'accueille dans tes faiblesses, tes limites, ta fragilité. Tu veux bien accepter mon cadeau ?

Jonathan écouta, s'émerveilla, s'agenouilla. Son cœur jubilait... »

Nous sommes des petits enfants qui apprennent, par Lui, avec Lui et en Lui, des petits enfants qui, comme le dit Thérèse de l'Enfant Jésus, font des petits pas, et s'ils acceptent d'être petits « ne tomberont jamais de haut ». Le réaliser nous conduira à abandonner toute supériorité, tout mépris et à entrer dans un chemin d'humilité, de compréhension où les notions de « réussite » ou « d'échec », toujours relatives, feront place à la notion d'apprentissage. Combien de chutes nous a-t-il fallu, enfants, pour tenir debout et apprendre à marcher !

Un regard de lumière

Au départ, nous avons tous en nous une force de vie, un ressort, une soif qui tend à mettre en place tout ce dont nous avons besoin pour notre épanouissement. Mais arrivent bientôt, dans l'enfance d'abord, puis pendant la période de l'adolescence avec, entre autres, l'émergence de la sexualité, des situations et des réactions qui coupent nos élans, qui les travestissent, qui les orientent vers d'autres voies. Ainsi deux dynamiques s'installent-elles en nous : la dynamique profonde et positive qui nous amène à retrouver nos désirs véritables et nos élans d'amour premiers, ce que nous sommes vraiment – c'est pourquoi Jésus nous dit de redevenir des petits enfants – et celle, compliquée et souvent négative, issue de nos scénarios, de nos chocs affectifs et de la façon dont nous avons réagi dans le passé, que nous justifions ensuite inconsciemment, par mimétisme et fidélité psychologique, en les répétant. Voilà une anecdote révélatrice de ce point de vue.

Un jour à l'heure du repas, Jean, un petit garçon de deux ans, est tout excité en voyant sa maman préparer son dessert favori à base de pruneaux. À ce moment-là son père rentre pour déjeuner. Il est fatigué, énervé par son travail. L'enfant, très agité, fait une bêtise. Agacé, le papa perd patience, gronde son fils et le prive de dessert.

Si l'enfant avait été en âge de comprendre la situation, il aurait pu négocier avec son père en déclarant par exemple : « Papa, je sais que tu es fatigué, je te remercie de tout le travail que tu accomplis pour nous. Sans toi nous n'aurions rien à manger et je voudrais profiter de cette occasion pour te dire toute ma gratitude. Mais je crois que tu ignores l'importance que ce dessert a pour moi. Tu risques de me frustrer pour longtemps parce que je me faisais une joie de le manger. Tu coupes mon élan et tu n'envisages peut-être pas les répercussions que cela pourra avoir dans ma vie future. Cependant, je peux comprendre ton irritation et, si tu veux vraiment me punir, je t'invite à me priver du dessert de ce soir que je n'aime pas ! » Mais l'enfant est évidemment trop petit pour tenir un discours d'une telle maturité. Il n'a pas encore développé son côté *Adulte* que définit l'analyse transactionnelle[3]. Il n'est que sensibilité. Alors Jean recule, pétrifié, prend un air lamentable, pleure et balbutie : « Je n'aime pas les pruneaux, j'en mangerai plus jamais des petits

---

3. *L'analyse transactionnelle* d'Éric Berne appelle *Adulte* cette partie de nous qui est capable de prendre du recul et de chercher des solutions objectives à un problème.

pruneaux, c'est pas bon les pruneaux, faut pas manger des petits pruneaux... » Jean retourne son désir et commence à dire l'inverse de ce qu'il veut vraiment... Remangera-t-il des pruneaux ? Saura-t-il dans l'avenir retrouver son désir initial ? Et si les pruneaux ont eu tant d'importance pour lui, que dire du manque d'affection, de compréhension, de câlins ? N'est-ce pas cela qu'ont vécu ceux qui, aujourd'hui, ne savent pas demander ou témoigner de la tendresse, exprimer leur amour ; ceux qui semblent durs, fuyants ou trop « dans leur tête » ?

L'histoire de Jean Valjean, héros des *Misérables* de Victor Hugo, illustre bien ce que nous venons d'expliquer.

Jean Valjean, qui purge une lourde peine, s'évade du bagne. Dans sa fuite, il demande asile à un évêque et est reçu chaleureusement par lui. Ce dernier, pour lui faire honneur, l'invite à dîner et sort sa plus belle argenterie. Le lendemain, Jean Valjean, qui ne connaît de lui-même qu'un aspect, celui de l'homme malhonnête, et a oublié la bonté qui l'habite en profondeur, vole les précieux objets. Il est arrêté par les gendarmes qui l'amènent chez l'évêque pour le confondre. Celui-ci innocente Jean Valjean en prétendant lui avoir donné lui-même l'argenterie. Il lui offre en plus deux chandeliers que Jean Valjean gardera jusqu'à la fin de ses jours. C'est grâce à ce geste d'amour inconditionnel que ce dernier se transformera, deviendra le bon Monsieur Madeleine et fera le bien autour de lui. L'évêque avait vu en Jean Valjean l'enfant de Dieu, l'enfant de lumière. Il avait compris les blessures et les révoltes ayant conduit Jean à devenir un forçat. À l'inverse, l'inspecteur Javert, ne pouvant porter son regard au-delà des apparences, ne crut jamais qu'un homme « malhonnête » puisse ainsi se transformer. Il mit tout en œuvre pour le faire chuter à nouveau. N'y arrivant pas, et ne voulant pas reconnaître son erreur, il se suicida !

L'évêque est un peu à l'image de Dieu qui comprend, qui retourne tout en bien et donne une nouvelle chance au lieu de mettre une « étiquette », comme l'avait fait Javert et sans doute Jean Valjean pour lui-même.

Voilà les deux regards portés sur nous, tant par nous-mêmes que par autrui. L'un est extérieur, juge sur les apparences, nous enferme dans des catégories toutes faites. L'autre, celui que nous avons à apprendre : le regard de lumière, intérieur, fait émerger en nous, comme chez les autres, l'enfant de Dieu, cet enfant qui existe en chacun, à l'origine, avant qu'il ne soit blessé. Désirons-nous, comme l'évêque, devenir des accoucheurs, des révélateurs ou, comme l'inspecteur Javert, des juges critiques ? Nous avons en nous les deux dynamiques. N'oublions pas que, dans la photographie classique, plus la lumière entre au moment du cliché, plus le négatif est noir. Ainsi en est-il des dons que nous avons du mal à mettre à jour au départ, et qui nous font souvent entrer dans des excès à cause de nos vulnérabilités et de nos blessures (colères, agressivité, enfermements, rébellion...). Mais plus le négatif est noir et plus, à l'inverse, le positif de la photo sera beau et clair. Et c'est un produit, le révélateur, qui fera passer de l'un à l'autre. Grâce ensuite au fixateur et à la duplication on pourra produire, à partir du positif, une quantité de photos. C'est la fécondité. Voici ce que Dieu fait avec chacun de nous. Voici ce que nous pouvons faire avec les autres, ce qu'ils peuvent faire avec nous. Mais que se passe-t-il si, horrifiés par le négatif, nous le déchirons ? Il n'y aura jamais de positif. D'où le danger d'une autocritique trop sévère, fruit d'une éducation qui « casse » ou qui lance des phrases poison du type : « Tu es un incapable... ; un imbécile... ; un colérique... » Cela a tendance à fixer le négatif sans donner jour au positif qu'il contient cependant. Heureux les éducateurs qui, comme on le fait pour les billets de banque, savent voir en transparence. Ils devinent en filigrane, les dons qui sommeillent derrière les révoltes, les passivités, les timidités... Un regard de lumière. Un regard qui transforme. C'est ce regard de Dieu, directement ou à travers des proches, des amis, des pédagogues... qui a retourné, converti plus d'un « pécheur ». Heureux ceux qui perçoivent le don des enfants qui cassent ce qu'ils touchent car ils ont trop d'énergie dans les mains. Plutôt que de les traiter « d'incapables » ou de « maladroits » ou pis encore de leur asséner des phrases comme : « Tu seras donc toujours aussi maladroit ! »[4], ils savent montrer à l'enfant ce qui a provoqué son geste et l'aident à mieux orienter son énergie. Voilà la pédagogie d'éveil qui pourra donner plus tard de bons bricoleurs, masseurs, chirurgiens, artistes... Heureux encore ceux qui perçoivent le don de la parole chez un enfant qui se mure dans le silence, bégaie ou est complexé. Heureux ceux qui l'écoutent enfin et lui permettent ainsi de reprendre confiance, de s'exprimer librement et de retrouver son don originel. Heureux ceux qui perçoivent, au plus profond, la belle sensibilité, le sens artistique, le goût de la

4. On retrouve ici le : « À 16 ans tu te piqueras et tu mourras » de *La Belle au bois dormant*. Les « bonnes fées » offrent en cadeau des dons. La « mauvaise fée », vexée de ne pas avoir été invitée, lance une injonction négative et dramatique. Cela devrait nous faire réfléchir en tant que parents...

transparence chez ceux qui rougissent et rougissent de se sentir rougir. Ceux-là ne savent pas dissimuler leurs émotions. Ils auront à apprendre à les gérer, mais d'abord faut-il pour cela qu'ils se réconcilient avec eux-mêmes, soient rassurés, valorisés, prennent confiance en eux grâce à des paroles de vie: «J'aime ta sensibilité. Elle est belle. Tu ne sais pas cacher, dissimuler. Bravo ! Apprends maintenant à t'en servir de façon juste... »

Le vilain petit canard

Dans le conte d'Andersen *Le vilain petit canard,* un oisillon, différent des autres, naît au milieu d'une couvée de canards. Pataud, maladroit, plus grand que ses frères, avec son cou plus long, son duvet gris et ses ailes qui traînent par terre, il attire leurs moqueries. Très vite il devient le « vilain petit canard». Il se sent laid et peu intéressant, voire insignifiant. Un jour, n'y tenant plus, il quitte les siens. Il veut fuir ou mourir. Sur le chemin de sa dérive, il rencontre deux oiseaux blancs magnifiques. Autant il est vilain, autant ils sont beaux. Il n'ose pas les aborder tellement il a peur de se faire rejeter comme il en a l'habitude. Il les regarde avec admiration. Au plus profond de son désespoir, il tente une dernière chance. Il se lance vers eux dans une course effrénée, prêt à leur proposer n'importe quoi pour obtenir leur compagnie. Soudain, il entend les enfants du village voisin accourir et se réjouir du retour, comme à chaque printemps, des cygnes blancs. Car ce sont des cygnes ! L'un des enfants pointe alors son doigt vers le «vilain petit canard» et s'exclame: « Regardez, il y en a un troisième. Il est encore plus beau que les autres ! » Le «vilain petit canard» s'arrête. Il n'en croit pas ses oreilles : « De qui parle-t-on ? » Il voit son reflet dans l'eau sans se reconnaître. Il a grandi. Son duvet gris a laissé la place à des plumes toutes blanches sans qu'il s'en soit rendu compte. Lorsque les deux cygnes s'avancent vers lui, il s'effraie, il recule. Le « vilain petit canard », qui n'a jamais entendu de paroles douces, est sidéré lorsque les cygnes l'identifient comme l'un des leurs et lui disent : « Comme tu es jeune, comme tu es beau. Viens, tu seras notre ami. »

Il va falloir au « vilain petit canard » tout un temps pour comprendre qu'en fait il est un beau cygne, ce que personne ne lui avait jamais révélé. Il avait essayé de se faire aimer à tout prix en tant que canard. C'était d'ailleurs l'attente que son entourage avait de lui. Mais c'était une quête impossible pour un petit cygne et, maintenant, il découvrait la joie profonde de renaître, de devenir enfin lui-même. Sans le savoir, il avait admiré chez les cygnes ce qu'il est réellement.

Ainsi, en est-il de chacun de nous. Nous avons à réaliser qu'au fond de nous réside un « cygne ». Le devenir, l'épanouir, nous donnera énergie, paix et joie. Le « vilain petit canard » que nous avons cru être et que nous étions devenus par force, par habitude, nous mènera à l'humilité, à la compréhension des mécanismes psychologiques essentiels, à accueillir les autres qui ont à vivre la même métamorphose.

Ce conte d'Andersen fait écho à toutes les histoires de la tradition qui expriment la même idée : un lion ou un tigre élevé parmi les moutons, les brebis, et dont la vraie nature se réveille lorsque ceux-ci sont attaqués ; un aiglon tombé de son nid dans une basse-cour, élevé parmi les poules, et qui se croit l'une d'elles jusqu'au moment où un naturaliste lui révèle sa vraie identité et, avec patience, lui apprend peu à peu à voler…

Nous avons tous à vivre ce changement de regard sur nous-mêmes, cette renaissance[5]. Comme ce fut le cas pour le renard dans *Le Petit Prince* de Saint-Exupéry, cela demande du temps, de la patience, un véritable apprivoisement. Dans les contes, les crapauds se transforment en princes, les vraies princesses apparaissent parfois dégoulinantes comme dans *La Princesse et le petit pois,* dégoûtantes comme dans *Peau d'âne,* toutes simples, peu reluisantes ou cachées comme dans *Cendrillon* ou *Blanche Neige.* Les princes aussi doivent être reconnus à travers leur laideur apparente comme dans *La Belle et la Bête.*

Traverser notre psychisme compliqué et chargé de tant de lourdeurs héréditaires[6] nous fait découvrir la lumière qui nous habite. Accepter et aimer en nous la « bête », la « peau d'âne », la « cendrillon », le « crapaud », nous aide à nous métamorphoser en l'enfant de Dieu que nous sommes vraiment. Dieu nous y aide. Comme le prince, il vient chercher en nous la princesse endormie, la réveiller d'un baiser, embrasser et guérir toutes ses blessures.

Tout cela nous mène à cette qualité fondamentale que nous avons à développer : l'humilité. La vision de nos erreurs, de nos peaux d'âne, nous gardera petits. Cendrillon a un petit pied, Peau d'âne un petit doigt, le petit Poucet chausse les bottes de l'ogre qui se mettent à sa petite taille, le petit David terrasse le géant Goliath…

---

5. Yves BOULVIN, *Renaître,* Nouan-le-Fuzelier, Éditions des Béatitudes, 2004.

6. Anne ANCELIN-SCHÜTZENBERGER, *Aïe mes aïeux,* Paris, Desclée de Brouwer, 1998.

Holythérapie© : énergie et guérison de la conscience

Par l'auteur du livre « **Le Manuscrit du Ciel** »
Alexandre Merle

Les rapports énergétiques de l'être humain avec son environnement
Mise en évidence de la « perte de conscience »
Origine de la souffrance et de la maladie
La qualité des fréquences vibratoires et l'hygiène énergétique
Le processus de guérison : contacter sa réalité au-delà du temps et de l'espace
Les facultés supérieures de la conscience

<u>Conférence</u> : vendredi 12 mai 2006
A 20h30 – entrée 10 €

Hôtel Ariane – ZI du Palays
30, rue des Cosmonautes – 31400 Toulouse
Téléphone : 05 61 34 06 05
Réservations : 06 67 62 14 83

Holythérapie© : énergie et guérison de la conscience

Par l'auteur du livre « **Le Manuscrit du Ciel** »
Alexandre Merle

Les rapports énergétiques de l'être humain avec son environnement
Mise en évidence de la « perte de conscience »
Origine de la souffrance et de la maladie
La qualité des fréquences vibratoires et l'hygiène énergétique
Le processus de guérison : contacter sa réalité au-delà dı temps et de l'espace
Les facultés supérieures de la conscience

Conférence : vendredi 12 mai 2006
A 20h30 – entrée 10 €

Hôtel Ariane – ZI du Palays
30, rue des Cosmonautes – 31400 Toulouse
Téléphone : 05 61 34 06 05
Réservations : 06 67 62 14 83

Nos blessures nous aident à rencontrer Dieu

Je me suis souvent demandé pourquoi certaines personnes vivent quotidiennement et sensiblement la présence de Dieu et d'autres non. Ce n'est pas forcément dans la pratique religieuse que l'on trouve la réponse. En effet, on peut aller à la messe ou au temple tous les dimanches, faire ses prières, sans pour autant avoir une expérience profonde et amoureuse de Dieu. On peut aussi le rencontrer en dehors de l'église, comme cet homme, ancien délinquant qui, sorti de prison, sentit émerger quelque chose de nouveau en lui lors de ses longues promenades dans la nature: la présence aimante de Dieu, présence qui le bouleversait à chaque fois.[7]

Ainsi, le lieu où nous rencontrons vraiment Dieu est-il notre cœur profond.

Nous sommes touchés au plus profond de nous-mêmes lorsque nous cherchons à aimer, que ces tentatives amoureuses soient couronnées de succès ou nous blessent.

L'affection que nous éprouvons pour un tout petit enfant, la façon dont sa vulnérabilité nous touche, nous laissent deviner le cœur de Dieu. Il en est de même de l'amour que nous portons à notre compagne, notre compagnon quelle que soit la façon plus ou moins discutable dont nous le concrétisons; de l'intimité, de la sexualité lorsque nous la vivons comme une fête, un bonheur partagé, un don l'un à l'autre

---

7. C'est souvent d'ailleurs chez les personnes meurtries, mais non aigries, et qui se sont tournés vers Dieu que l'on rencontre le plus l'effusion de son amour. Déchirées, elles ont eu le cœur ouvert et le plein de Dieu est venu remplir leur vide: « Heureux les pauvres… »

partant du cœur et se manifestant dans tout le corps ; de l'amitié vraiment désintéressée, lorsque nous sentons en nous le désir que l'autre soit plus heureux, plus libre... Chaque fois, nous faisons, du moins en partie, une expérience divine. On dit bien de certains moments qu'ils sont divins !...

Les blessures de notre existence, et surtout la façon dont nous les traversons, peuvent aussi nous conduire à Dieu. Mais pas si nous les refusons, si nous sommes dans la révolte, dans la recherche de « à qui la faute », si nous les ressassons, les ruminons, en créant, malgré nous, des blocages à l'action divine.

C'était le cas de cette dame qui me confia, qu'au bout de sept ans, elle n'avait toujours pas accepté que la promotion, qu'elle pensait légitimement mériter, ait été donnée à l'une de ses collègues. Elle avait éprouvé un vif sentiment d'injustice dont elle souffrait encore. Tout le travail thérapeutique consista à lui faire dire « oui » là où elle avait dit « non ». Une autre dame de 70 ans, longtemps après la mort de son mari, s'en voulait toujours de façon compulsive de l'avoir trompé, une fois, il y a 35 ans... Aucune confession n'était venue à bout de sa culpabilité et, se sentant « mauvaise », elle n'osait plus s'approcher de Dieu et de la communion ! Il en aurait été tout autrement si, enveloppée de son amour, elle s'était laissée pardonner !

Nous avons à dire « oui » là où nous avons opposé un refus, non pas un « oui » masochiste ou doloriste, mais un « oui » libérateur pour que Dieu traverse nos souffrances, pour que coule à nouveau son amour, pour qu'il ruisselle en nous là où nous avons mis des digues, des barrières. C'est dans les moments les plus douloureux, ceux où nous avons connu l'injustice, la trahison, l'abandon, le rejet, l'humiliation, la révolte... que Dieu était le plus présent. Mais souvent nous ne l'avons pas reconnu parce que nous sommes restés dans la problématique de la faute et que notre façon de réagir nous a éloignés de lui et de son amour.

Lorsque nous vivons si difficilement certains événements comme le départ d'un proche ou de notre conjoint, un enfant qui se drogue ou qui choisit une sexualité différente... notre désir d'aimer véritablement est questionné. Nous sentons bien en nous le combat entre la partie blessée, possessive, dominatrice, manipulatrice, et celle, plus pure, qui cherche à comprendre, se centre sur l'autre, embrasse tout sans, évidemment, être forcément d'accord ou tout justifier. Lorsque nous vivons cruellement la trahison d'un ami, une certaine image de la fidélité se brise, mais devons-nous le rejeter pour autant ? Nous avons, au fond de nous, l'image idéale de l'amour parfait. Si nous avons tant souffert dans notre enfance de ne pas avoir eu de parents présents ou de leurs disputes, de leurs violences répétées, c'est parce qu'il y avait en nous l'image de ce qu'est un vrai père, une vraie mère et de ce qu'est une véritable union. Et cette image idéale renvoie à Dieu et à ce que nous appelons l'amour trinitaire...

Ainsi, petit à petit, nous avons à apprendre à regarder ce qui a souffert en nous au moment de ces ruptures, de ces cassures, ce qui a été véritablement blessé, pour retrouver la voie du cœur et la présence permanente de Dieu.

Si nous acceptons de soulever le voile de ce que nous appelons souvent les épisodes les plus « ratés » de notre existence, nous comprendrons mieux le cœur de Dieu et nous découvririons un peu de ce qu'il éprouve avec chacun de nous en nous laissant libres : le départ, l'abandon, l'infidélité, le rejet, la cassure... Ce que nous ressentons alors, à un tout petit niveau, est l'icône de ce que Dieu vit avec nous de par notre éloignement, notre séparation. Nous avons à nous en souvenir quotidiennement. C'est pourquoi ceux qui témoignent le mieux de Dieu sont ceux qui se sont laissés traverser par lui dans toutes leurs blessures, qui ont dit « oui » et qui, grâce à lui, sont repartis, ont rebondi. La rencontre avec Dieu qu'ils ont faite aux moments les plus difficiles de leur vie, leur a fait choisir de vivre sans cesse avec lui parce qu'ils se savent petits, vulnérables.

Ainsi, plus la blessure a été forte, plus elle a été acceptée et plus on lui a laissé la possibilité d'être féconde, plus on vivra consciemment la présence de Dieu…

CHAPITRE 2

RECONSIDÉRER LA NOTION DE RÉUSSITE

Il n'y a pas de mots anodins. Les termes que nous prononçons ne s'évaporent pas dans l'air comme des bulles de savon. Ils ont des résonances sur la sensibilité et la façon de penser des personnes qui les utilisent comme sur celles des personnes à qui ils s'adressent.

Nous sommes conditionnés par les mots que nous entendons, que nous avons appris, dont notre entourage et la société se servent…

Les mots que l'on utilise

Le langage que nous employons façonne notre existence comme le sculpteur modèle la pierre ou la pièce de bois en la travaillant avec ses outils. Loin d'être neutres les mots ont une incidence sur toute notre vie. Ainsi, à la faveur de cette réflexion, nous pouvons nous demander : qu'est-ce qui nous permet de qualifier tel ou tel événement d'échec ou de réussite ?

Pour tenter de répondre à cette question, je reprendrai ce récit de la tradition.

Un sage vivait dans un village. Père d'un fils unique, il ne possédait pour tout bien qu'un cheval. Un jour, l'animal se sauva. Les voisins vinrent voir l'homme et lui déclarèrent : « Tu n'as vraiment pas de chance. Qu'as-tu fait au Bon Dieu pour mériter une telle punition ? » L'homme ne répondit rien. Quelque temps plus tard, le cheval revint accompagné d'un troupeau de chevaux sauvages. Les villageois retournèrent chez l'homme et lui dirent : « Tu en as de la chance ! Le Bon Dieu t'a fait une faveur. » L'homme ne répondit toujours pas. Puis son fils se brisa les deux jambes en voulant monter sur l'un des chevaux sauvages. Les voisins s'apitoyèrent sur le sort du père : « Décidément, tu n'as vraiment pas de chance… pourquoi le Bon Dieu te… » Encore une fois l'homme resta silencieux. Finalement, la guerre éclata. Tous les hommes du village furent mobilisés sauf le fils du sage car il était handicapé. « Tu en as de la chance, tu es béni des dieux » lui dit-on alors avec envie…

Ce récit montre que tout événement peut être appréhendé de façons différentes et qu'il est difficile de juger d'un fait sans en connaître toutes les facettes et surtout toutes les conséquences.

Nous appelons souvent « réussites » les valeurs, les acquisitions, les biens promus par la société : le pouvoir, l'argent, les possessions matérielles…, ou les objectifs atteints avec succès. La notion de réussite et d'échec nous est inculquée très tôt à l'école. On dit bien réussir un devoir, un examen.

Brigitte, après de brillantes études supérieures, entra dans la vie active, obtint un poste important, mais trop tôt : elle n'était pas assez mûre, notamment parce qu'elle n'avait connu que des succès. Mal préparée, elle eut du mal à faire face à la situation et vécut une grave dépression (dépression qui, à son tour, aurait pu être l'occasion de se remettre positivement en cause, si elle en avait cherché et compris le sens).

À l'inverse, Jean-Louis fit des études laborieuses, redoublant plusieurs fois, au désespoir de ses parents. Mais les obstacles, auxquels il avait été confronté, le temps que cela lui avait pris, lui permirent de mûrir et de trouver l'originalité de sa vocation. Il entra dans son axe, développa une action auprès des plus défavorisés et rencontra une femme jolie et équilibrée qui le seconda admirablement.

Michel, quant à lui, devint le grand patron d'une entreprise florissante. Il l'acquit à force de travail acharné, d'investissements financiers importants et de nombreuses heures de présence à l'usine au détriment de sa vie familiale. Sa femme le quitta. Il légua quelques années plus tard son entreprise à son fils. Celui-ci, désorienté par cette course à l'argent, dilapida toute la fortune qui avait demandé tant de sacrifices à son père. Le pauvre homme en mourut et fit inscrire sur sa tombe : « Pour rien. »

Ce fut aussi le cas d'un autre chef d'entreprise. Sa carrière lui apparut soudain comme l'immense fresque d'un échec quand il réalisa qu'il avait construit sa richesse aux dépens de ses salariés et en contradiction avec ses valeurs profondes. Toute sa vie bascula à ce moment-là et il eut un profond repentir qui l'amena à changer de cap et de comportement.

Ainsi, notre conception de la « réussite » ou de « l'échec » correspond-elle encore trop souvent à ce que nous en avons appris, en tant que marionnettes menées par nos croyances, nos déterminismes, notre éducation, la pression sociale..., et ne renvoie-t-elle pas assez à ce que nous portons au plus profond de nous-mêmes, et que nous avons à mettre à jour en tant qu'enfants de Dieu.

Qu'est qu'une vie réussie ?

Qui ne croit qu'être beau ou belle et fortuné(e) va favoriser la vie amoureuse ? Or, j'ai reçu tant de personnes réputées jolies en grande détresse sentimentale pouvant aller parfois jusqu'au désir de suicide. Certaines étaient terrorisées à l'idée de vieillir, suspicieuses, doutant de la sincérité des sentiments des uns et des autres, croyant n'être « aimées » que pour leur apparence ou pour leur argent. J'ai rencontré par ailleurs beaucoup de personnes ne répondant pas du tout aux critères sociaux et médiatiques de la beauté et de l'aisance financière, et qui ont eu une vie sentimentale beaucoup plus heureuse que les premières.

Qui n'a pas un idéal de vie affective, une préférence pour tel « type d'homme » ou tel « type de femme » ? Après beaucoup d'efforts et de renoncements pour le convaincre, certains sont parvenus enfin à épouser l'être aimé. Quelques années plus tard, l'amour d'un seul n'ayant pas suffi à nourrir le couple, le rêve s'est effondré. Quel contraste entre la joie et le sentiment de victoire le jour du mariage et la douleur de la rupture ! En n'épousant pas l'homme ou la femme de « ses rêves », la personne aurait eu un sentiment d'échec. Mais cela lui aurait peut-être permis, au cours de toutes ces années, de rencontrer quelqu'un avec qui elle aurait été vraiment en harmonie. Beaucoup sont venus me voir, extrêmement blessés de n'avoir pas pu entamer, ou concrétiser, une relation amoureuse profonde parce que l'un ou l'autre des partenaires (ou parfois les deux) n'était pas libre. Certains sont restés longtemps fixés sur une séparation qu'ils vivent encore comme un échec. Peuvent-ils en rester là ?

Monique répétait souvent : « Je ne referai jamais ma vie. » Tout le travail d'accompagnement consista, notamment, à ce qu'elle se demande si cette première histoire sentimentale à laquelle elle s'accrochait éperdument était bien l'unique possible, si cet homme qui l'avait quittée était vraiment le grand amour de sa vie ? Il fallut une démarche de libération pour qu'à 50 ans Monique parvienne à faire le deuil de cet apparent échec et accepte d'entrer dans une relation nouvelle où elle a enfin trouvé la paix et une joie profonde.

Ni la beauté, ni l'argent, ni le pouvoir pas plus que la position sociale, ou encore la volonté de réaliser un « rêve » ne sont le gage d'une vie sentimentale épanouissante. Mais être pleinement soi-même, sans artifice, découvrir son propre charme, sans comparaison avec les autres, fait de chacun un pôle d'attraction pour son entourage.

Il est important de ne pas juger prématurément tout ce qui nous arrive, de ne pas placarder trop hâtivement des étiquettes positives ou négatives sur les événements ou les situations que nous traversons. Pour de nombreuses personnes, un moine rate complètement sa vie parce que, selon certains critères, il « ne fait rien » dans son monastère. Ce qui, évidemment, n'est pas le cas ! On se souvient de cette réflexion d'une religieuse à propos de Thérèse de l'Enfant-Jésus : « Je ne sais pas pourquoi on parle tant d'elle, elle n'a rien fait de sa vie. » Et pourtant… Jean Paul II, cet « athlète » de Dieu, a-t-il « réussi » ou « raté » en donnant toutes ses forces jusqu'au bout pour remplir sa mission et faire ensuite, comme Thérèse, descendre une « pluie de roses » sur la terre. Tous deux ont accepté la souffrance physique, psychologique et spirituelle pour l'offrir afin que d'autres guérissent et rencontrent Dieu. Et la croix, qui peut paraître le plus cuisant des échecs, n'est-elle pas la suprême réussite : mettre à la portée de tous les hommes la libération et le salut !

Contrairement à ce que nous pensons souvent, ce n'est pas seulement la « chance » ou la « malchance », la « poisse » ou la « baraka », qui régissent notre existence. Nous avons à accueillir les événements et non pas à les étiqueter. Ce qui compte, c'est la façon de les intégrer à notre vie, la façon d'y réagir et la leçon que nous en tirons. Quand on descend les gorges de l'Ardèche ou du Verdon en canoë-kayak, on sait qu'il y aura de nombreuses chutes. Un kayakiste apprend seulement à les passer de mieux en mieux en allant dans le sens du courant et en évitant les rochers. Il apprend aussi à ne pas regarder en arrière, une fois la chute passée, pour ne pas faire sombrer son bateau et il se prépare positivement à la chute suivante.

En ne décidant plus a priori ce qui est bon ou mauvais pour nous, nous pourrons récolter et savourer les fruits de notre expérience. Si nous avons un idéal, un souhait, une ambition… et que nous acceptons, au moins momentanément, de vivre tout autre chose ; si nous éprouvons de l'attirance pour tel genre d'homme ou de femme et que nous sommes prêts à accueillir tel(le) autre qui vient vers nous comme un cadeau, un cadeau réciproque… nous appréhenderons tous les événements comme des situations ambassadrices de promesses.

Remettre en cause l'idée même de ce que nous pensons être la réussite pourrait bien être la vraie réussite de notre vie.

Si François d'Assise était devenu le grand commerçant que souhaitait son père, s'il avait continué à être le joyeux fêtard qu'aimaient ses camarades, s'il avait réussi à partir en croisade… il n'aurait pas été François d'Assise, le saint que nous connaissons. Tout a commencé pour lui par des « échecs » apparents. Rejeté par son père, incompris par certains dignitaires ecclésiastiques, ce fils « raté » partit, dénudé, sur les sentiers. Il remit en cause la réussite par l'argent, par la réputation, par la guerre et c'est ce qui fit toute sa réussite. Il choisit simplement la liberté des enfants de Dieu. Quelle fécondité par la suite…

Le sens profond de ce que l'on vit

Mourir à la guerre en défendant sa patrie, participer à la reconstruction de son pays, créer une entreprise, avoir sa photo sur les affiches, apparaître à la télévision… sont autant de manières d'envisager la réussite. Cette notion, on le sait, évolue au fil de l'histoire. Elle dépend des valeurs d'une époque donnée.

Nous passons la plus grande partie de la journée à travailler : que nous ayons une profession, que nous soyons mère de famille ou que nous vivions dans une communauté… nous avons toutes sortes d'occupations. Exercer sa tâche, quelle qu'elle soit, avec conscience, avec amour, n'est-ce pas cela la réussite ? De la gardienne qui nettoie avec le sourire les vitres de son immeuble, au cadre, au fonctionnaire ou à l'ouvrier qui travaillent en y mettant tout leur cœur, toute leur ardeur, en passant par ceux qui ramassent les poubelles, entretiennent les espaces verts... que de grandeur dans le travail bien fait ! De ce point de vue tous les métiers sont beaux. N'oublions pas, d'ailleurs, que ce qui caractérise un sage, un saint ou un mystique, c'est qu'ils font de façon extraordinaire des choses ordinaires.

Mais, la plupart du temps nous éprouvons un sentiment d'insatisfaction, voire de révolte, parce qu'il y a en toute chose un « prix à payer » : le vendeur reste tout le temps debout, la secrétaire est trop longtemps assise, le médecin côtoie beaucoup de souffrances, la mère de famille n'a plus un instant à elle... Certains ont un métier qui les oblige à beaucoup bouger ou parler et d'autres pas assez...

Pourtant, tout est grâce et ce que nous vivons, sans aucune exception, nous donne l'occasion d'être porteur de bénédictions pour les autres comme ils peuvent l'être pour nous. Plutôt que de passer notre vie dans la solitude, coupé d'autrui, dans le manque de sens et dans des ruminations psychiques où nous tournons en rond, nous pouvons prendre conscience que tout ce que nous pensons, vivons ou ressentons à chaque instant peut devenir source de bénédictions.

Tout acte peut être sacré

Lorsque nous faisons la cuisine, par exemple, au lieu de maugréer contre cet acte répétitif dont nous nous passerions bien, contre l'ingratitude de ceux qui vont manger ce que nous avons préparé, contre l'état de mère au foyer qui n'est pas reconnu socialement, nous pouvons à l'instant même nous mettre en communion avec tous ceux qui, dans le monde, font ces mêmes gestes ou les ont faits, ainsi qu'avec tous ceux qui souffrent de malnutrition. Nous bénissons ceux qui ont les mêmes préoccupations, le même travail, le même service que nous ou qui viennent en aide à ceux qui ont faim. Nous nous souvenons dès lors du bien que nous pouvons donner à travers ce repas : en mettant de l'amour dans ce que nous préparons, en bénissant ceux qui vont le manger et en visionnant la part humble mais nécessaire de l'alimentation dans la construction du corps de nos enfants ou de ceux que nous allons recevoir. L'important est que nous nous souvenions du sens profond de l'acte que nous sommes en train de réaliser et que nous soyons reconnaissants de pouvoir le faire. Ce n'est pas seulement un repas que nous préparons, c'est toute une œuvre que nous accomplissons.

Voici une histoire de la tradition éloquente à ce sujet. Un jour, une personne rencontra trois ouvriers qui portaient chacun une lourde pierre. Le premier maugréait : « Comme cette pierre est lourde ! » Le deuxième, qui portait une pierre semblable, dit : « Je suis en train de construire un mur. » Et le troisième rajouta : « Nous bâtissons une cathédrale. » C'était le même travail, mais chacun le vivait de façon différente. Pour le premier ouvrier, il s'agissait d'un acte mécanique, sans joie, sans perspective. Le second replaçait son action dans un ensemble plus grand : construire un mur. Il avait un sens, une orientation, une motivation. Le troisième avait la vision de l'œuvre totale et de tout ce qu'elle allait permettre. Qu'en est-il pour nous, dans notre vie ?

Le plus petit acte que nous accomplissons, suivant le sens que nous lui donnons, peut avoir des résonances immenses. C'est ainsi que Thérèse de l'Enfant-Jésus disait qu'une épingle ramassée avec amour peut sauver une âme. Cette simple lettre que nous mettons à la poste, cet interrupteur sur lequel nous appuyons à l'instant, dans notre chambre où nous vivons seul, ce torchon que nous nettoyons, peuvent nous relier à tous ceux qui, au même instant, font le même geste ou, malheureusement, n'ont pas la possibilité de le faire à cause de leur handicap; nous les bénissons et nous recevons leur bénédiction. Tant que nous occupons la fonction qui est la nôtre actuellement, même si celle-ci peut changer plus tard, nous l'accomplissons le mieux possible, comme un serviteur qui fait bien son travail.

Le fait d'être unifiés, de dire « oui », d'être présents et en communion, libère en nous des fleuves d'eau vive.

Si nous sommes en train de fabriquer une chaise, nous pouvons visionner et bénir tous ceux qui l'utiliseront, ceux qui la transporteront, la commercialiseront... Et si nous sommes nous-mêmes utilisateurs de cette chaise, au lieu de nous plaindre parce qu'elle est bancale[1], nous allons être pleins de gratitude pour tous ceux qui ont travaillé à sa fabrication : du bûcheron qui a coupé l'arbre, au vendeur chez qui nous l'avons achetée en passant par ceux qui l'ont façonnée, enjolivée, transportée... Au lieu de l'utiliser machinalement, nous allons faire du simple geste de nous asseoir, un acte sacré par lequel nous sommes reliés à tous et nous les bénissons. Nous leur sommes reconnaissants de leur travail, nous souvenant que nous pourrions ne pas avoir de chaise et que nous avons la chance de pouvoir nous asseoir !

Ainsi, allons-nous recevoir et transmettre la bénédiction de Dieu, et toute notre vie va prendre un autre

1. À nous de la faire réparer...

sens en faisant plus consciemment nos gestes quotidiens, en nous reliant à tous ceux qui les accomplissent, en offrant pour les uns et les autres nos bons et nos mauvais moments, nos difficultés, nos erreurs, ce que nous considérons comme des échecs ou des réussites. Tout, tout sans exception peut être offert. Nous n'oublions jamais que si nous sommes chacun un serviteur parmi d'autres, Dieu nous donne un rôle indispensable.

Seigneur, tu bénis...

Nous sommes dans ce bureau avec un collègue que nous n'avons pas choisi ; il est bruyant, volubile alors que nous avons besoin de silence. Nous sommes dans cette communauté proche de ce frère ou de cette sœur qui nous exaspère par ses tics, son autorité ou sa passivité... Nous nous unissons à tous ceux qui vivent la même chose et plutôt que de rêver à une autre vie, nous restons à notre place en les bénissant sans oublier de regarder ce que nous pouvons faire pour améliorer les choses.

Toute notre vie peut prendre un autre sens grâce à cette prière que l'on peut dire régulièrement, voire quotidiennement :

Seigneur, tu bénis à l'instant toutes les personnes que j'ai rencontrées ou que je vais rencontrer aujourd'hui : tous ceux à qui j'ai pensé ou qui ont pensé à moi, ceux qui m'ont téléphoné ou ont essayé de le faire, ceux qui m'ont écrit ou à qui j'ai écrit, ceux qui ont travaillé en ma compagnie ou ont partagé ma vie d'une façon ou d'une autre, ceux à qui je suis relié au ciel ou sur la terre.

Tu bénis particulièrement, Seigneur, ceux qui ne m'ont pas compris ou que je n'ai pas compris, ceux avec qui je me suis disputé ou à qui j'ai pu faire mal malgré moi ou dans un moment d'énervement (cet automobiliste que j'ai injurié car j'ai eu peur quand sa voiture s'est rabattue juste devant la mienne ; mes enfants que j'ai malmenés parce que j'étais fatigué ; mon mari que je n'ai pas accueilli ; ce collègue dont je n'ai pas apprécié les gestes, les paroles ou le comportement...). Tu les bénis tous et tu bénis chaque instant, chaque acte de ma vie. Amen.

Trouver un équilibre

Par ailleurs, pour trouver un équilibre bienfaisant et garder notre calme, il est important que nous nous accordions des moments réguliers de ressourcement sur tous les plans : physique, psychologique et spirituel.

Il y a mille manières de nous régénérer : en faisant du sport, en prenant un bain, en nous promenant, en nous autorisant de courtes siestes, en téléphonant à un ami dont la voix nous réchauffe le cœur, en rencontrant des personnes avec lesquelles nous entretenons des relations revitalisantes, en nous émerveillant du sourire d'un enfant, en contemplant une icône, en entrant dans une église pour prier, en satisfaisant notre besoin de silence pour revenir à notre cœur, à notre centre intérieur...

Si au moment même où nous lisons ces lignes, nous nous arrêtons de penser, si nous nous centrons dans notre cœur profond et contemplons la pièce dans laquelle nous nous trouvons, sans jugement critique, sans comparaison, sans nous dire « ce serait mieux si j'avais de beaux meubles, ce cadre est de travers, je n'aime pas cette couleur... », alors, petit à petit, nous sentirons monter du plus profond de nous-mêmes une sensation de plénitude, de bonheur. Nous serons reliés, en communion, et nous comprendrons ce qu'est la bénédiction. Encore faut-il que nous nous ouvrions à l'infini d'amour qui nous habite...

La réussite est donc la prise de conscience que tout ce qui nous arrive concourt à nous faire entrer dans la profondeur de notre être, là où se trouve la joie totale. Il y a un endroit en chacun de nous où Dieu demeure, où nous habitent sa paix, son amour. Aussi, ce qui nous oblige à nous poser des questions, à nous dépasser, à changer de vision, à nous reprogrammer plus positivement... nous conduit vers notre profondeur. Les aléas, les déceptions, les souffrances, les projets déçus, les ruptures, les deuils... et tout ce qui peut encore nous apparaître comme des échecs[2], peuvent aboutir à ce que nous soyons finalement plus heureux. Plus nous avons vécu de moments difficiles, mieux nous pouvons apprécier ce qui nous arrive de bon, les joies qui nous sont données, mieux nous pouvons apprécier la vie. Quand on a manqué d'eau ou d'électricité, ne fut-ce que quelques jours, la moindre goutte d'eau qui coule du robinet ou qui tombe du ciel, la moindre ampoule qui s'allume, nous paraissent merveilleuses. Nous les voyons enfin et comme si c'était la première fois. Si nous avons été emprisonnés ou sur un champ de bataille pendant quelques mois, le moindre souffle d'air frais, le plus petit brin d'herbe, une simple rue en paix nous semblent extraordinaires. Voilà ce qu'est être « pauvre en esprit... »

2. Anselm GRÜN, *L'échec, une chance. Quand nos projets de vie s'effondrent*, Paris, Desclée de Brouwer, 2004.

Réussir sa vie, c'est atteindre son être profond et savoir y revenir sans cesse : je me suis énervé dans la journée et je retourne à mon être profond ; je me dispute avec un automobiliste dans les embouteillages et je replonge dans mon être profond ; je m'en veux, je me sens coupable et je me ressource dans mon être profond..., dans l'amour inconditionnel de Dieu.

Accepter le changement

Un petit garçon de dix ans, dont la famille vivait à l'étranger, vint s'installer en France. Il perdit d'un seul coup ses repères, ses camarades, ses rêves dans lesquels il se voyait grandir dans son pays d'origine dont il n'imaginait pas devoir partir. Brutalement, il se retrouva dans une région où il ne connaissait personne, avec des habitudes différentes, dans un milieu qui n'était pas celui qu'il avait côtoyé jusque-là... Cette rupture fut pour lui très douloureuse.

Ses parents auraient voulu qu'il reprenne l'entreprise familiale comme tous les aînés depuis plusieurs générations. Mais il sentait que cela ne lui correspondait pas. Il vivait dans l'angoisse permanente du décalage entre ce qu'on attendait de lui et ce qu'il pressentait de son axe intérieur sans pouvoir le nommer. Il fit « l'école buissonnière », se mit à somatiser, s'isola, cela jusqu'au jour où, en classe terminale, un professeur de philosophie, qui l'avait pris en sympathie, lui déclara qu'il était fait pour un métier humain et non pas pour la mécanique ou le commerce qu'il lui serait nécessaire d'apprendre s'il voulait répondre à l'attente de ses parents.

Ce fut une véritable révélation. Il n'y avait jamais pensé... Son père, qui déclarait jusque-là que les soignants étaient des « charlatans », se ravisa. À partir de ce moment-là, tout ce que l'adolescent avait vécu prit un sens. Le changement de pays, le déracinement, l'angoisse... ne lui parurent plus négatifs. Ils étaient sans doute la meilleure formation qu'il ait eu, formation pratique, « sur le tas », qui l'amenait à comprendre l'itinéraire de tous les « vilains petits canards » mal dans leur peau parce que ne s'étant pas trouvés, n'étant pas à leur place. Il fit des études de médecine que, cette fois motivé, il réussit brillamment. Il se forma ensuite aux médecines douces. Ayant connu la prison d'une attente parentale dont il sut, grâce à la providence, se libérer, il peut aujourd'hui non seulement soigner, mais aussi écouter et aider efficacement beaucoup de personnes vivant des situations semblables.

Il en fut de même pour cet autre adolescent qui, à trois mois du baccalauréat, déclara à son père : « J'arrête mes études, je veux faire du cheval et devenir palefrenier. » Son père, cadre supérieur dans une société pétrolière, tomba des nues, ne s'y attendant pas du tout. Il fit tout pour que son fils change d'avis : culpabilisation, chantage affectif, réprimandes, vexations, chantage financier... Et cela en vain. Le garçon, effectivement, ne se présenta pas à l'examen. Pour le père, c'était un véritable échec. Il remit toute son éducation en cause. Quelles erreurs avait-il commis ? De guerre lasse, il accepta que son fils s'occupe des chevaux dans un haras voisin. Quelques mois plus tard, un entraîneur le voyant monter, dit au père qui, exceptionnellement, était venu lui rendre visite : « Votre fils est très doué. Il pourrait devenir entraîneur. A-t-il son baccalauréat ? » Le père médusé répondit que « non » et il raconta toute l'histoire. Alors l'entraîneur alla voir le garçon et lui déclara : « Bravo, tu t'occupes très bien des chevaux, tu les comprends et tu sais parfaitement les monter. Tu pourrais devenir un excellent entraîneur et avoir peut-être plus tard ton propre haras. Mais pour cela, il faut d'abord passer ton examen ! » Le garçon, motivé, reprit ses études l'année suivante, passa son baccalauréat et le réussit avec mention. Il avait cette fois-ci un but, un objectif qui lui donnait de la joie : « Oui, il s'occuperait des chevaux ! » Le plus amusant de l'histoire c'est que, galvanisé par son succès, il poursuivit ses études et abandonna le cheval. Ce qui paraissait à son père au départ comme « un ratage monumental » s'était transformé en superbe réussite. Il avait suffi que celui-ci lâchât prise enfin pour qu'ensuite tout se mette « miraculeusement » en place. Il aurait pu aussi, après avoir essayé de convaincre son fils, tout simplement faire confiance, bénir la situation telle qu'elle se présentait. Certains parents fondent de tels espoirs sur leurs enfants qu'ils empêchent l'action divine qui, elle, tend à révéler à chacun ce qu'il est en favorisant, et au bon moment, les rencontres nécessaires…

Cela est vrai aussi pour le chômage. Lorsqu'on perd son emploi, surtout si l'on approche de la cinquantaine, on a l'impression que tout s'effondre : ses projets, son image sociale, la reconnaissance d'autrui. On a peur de ne plus avoir les moyens de subvenir aux besoins de sa famille. On se dévalorise, on croit que l'on a tout perdu, tout raté, que plus personne ne voudra de soi… On se sent trop vieux, on est « fini ». Après un moment de profond découragement, et grâce à l'entourage qui, dans le meilleur des cas, encourage à « se remettre en selle », on cherche tous azimuts, on envoie des curriculum vitae, ne recevant que quelques maigres réponses, on frappe à toutes les portes et on se fait éconduire. La dépression n'est pas loin…

Un responsable d'un département informatique d'une grande société fut remercié car, extrêmement malhabile sur le plan des relations humaines, il avait « monté » tout le monde contre lui et provoqué une grève de protestation d'une partie du personnel. Licencié, il chercha tout de suite d'arrache-pied un poste équivalent. Son excellent curriculum vitae séduisit un autre chef d'entreprise qui l'embaucha séance tenante. Trois mois plus tard, il fut licencié à nouveau pour des raisons identiques. Il avait « oublié » de s'interroger sur lui-même, de prendre un temps de recul pour comprendre vraiment ce qui lui était arrivé. Il fit alors un bilan de compétences, profita de ses indemnités de licenciement pour entreprendre un travail psychologique, se former aux relations humaines, s'humaniser. Il commença aussi un cheminement spirituel qui lui fit faire cette prière toute nouvelle pour lui : « Seigneur, tu sais qui je suis. Tu connais mes compétences, mes limites et mes besoins. Fais-moi rencontrer un employeur qui sera un cadeau pour moi comme je serai un cadeau pour lui. » Un peu plus d'un an plus tard, il retrouva un emploi. Cette fois-ci, il était prêt car il avait eu le temps de réharmoniser, au moins en partie, sa personnalité. Il fut d'autant plus apprécié que son patron partageait ses valeurs…

Ainsi, lorsqu'une difficulté professionnelle survient, au lieu de se mettre immédiatement à rechercher un emploi équivalent, sans doute vaudrait-il mieux d'abord s'interroger sur l'essentiel et se demander si l'on était à sa place dans ce travail et s'il correspondait vraiment à son être profond ? Certes, on a appris de ce métier qui pouvait n'être qu'alimentaire, mais il est peut-être temps de changer, de s'orienter autrement ou d'utiliser son savoir-faire dans des perspectives nouvelles, plus conformes à ses valeurs. Ainsi, ce comptable ou cet animateur de radio qui, à la quarantaine, se sont mis au service de nouvelles communautés religieuses. Sans aller aussi loin, on peut « profiter » d'un licenciement pour changer de cap en prenant cet événement comme une opportunité offerte.

Ce fut le cas de cet homme qui occupait un haut poste financier dans une entreprise, qui réussissait bien, mais qui était « mal dans sa peau ». Il rencontra un thérapeute avec qui il prépara, pendant plusieurs mois, le changement. Il s'interrogea sur son être profond. Qui était-il ? Qu'aimerait-il vraiment faire ? Il se visualisa soigner d'autres gens, c'était son rêve depuis toujours. Au lieu de refuser cette projection, il se demanda comment il aimerait soigner. Il s'informa, fit le tour de diverses thérapies, découvrit les thérapies manuelles et le métier d'ostéopathe. Pendant deux ans, il prépara le changement et profita d'un licenciement collectif pour quitter l'entreprise avec un an et demi de salaire d'avance. Il calcula qu'avec cette somme et les allocations de chômage, il pourrait s'en sortir. Il entama, à 37 ans, des études d'ostéopathie (six à sept ans d'études). À 41 ans, il commença déjà à recevoir quelques patients. À 45 ans il avait toute une clientèle, gagnait aussi bien sa vie qu'avant, mais cette fois-ci en étant heureux de vivre et du service qu'il rendait. Voilà ce qu'on pourrait appeler un licenciement réussi.

C'est la même vague qui noie le nageur inexpérimenté ou fait la joie du surfeur !

Et que dire de cette femme qui se désespérait de n'avoir qu'un niveau d'études primaires. En difficulté dans sa trajectoire professionnelle, elle reprit, grâce à l'invitation d'un médecin, à 30 ans, ses études secondaires de la 6e au baccalauréat, et cela par correspondance. À la suite de quoi elle se présenta au concours d'infirmière, le réussit et prit ses fonctions trois ans plus tard. Dix années d'études entre 30 et 40 ans, véritable record digne du Guinness[3]. Le plus extraordinaire, c'est que cette réussite si brillante était, pour elle, un échec car elle estimait avoir eu beaucoup de mal à traverser toutes ces années et que, sans les encouragements de ses proches, elle n'aurait jamais pu, dit-elle, aller jusqu'au bout. C'est pourtant le rappel de cette histoire hors du commun qui, aujourd'hui, lui permet de rebondir dans une situation compliquée car son *coach* lui redit sans cesse : « Souviens-toi de tout ce que tu as traversé et réalisé. Tout cela, c'est toi qui l'as fait… ! »

Stabilité ou mobilité

Dans le passé, on naissait, on travaillait, on se mariait, on élevait ses enfants puis l'on mourait au même endroit. La continuité ainsi que la fixité étaient adoptées de façon naturelle par la plupart des hommes.

Aujourd'hui, les jeunes savent parfaitement que leur premier emploi ne sera pas le seul, qu'ils changeront de travail, qu'ils déménageront pour des raisons privées ou professionnelles… De plus, les différents modes de communication comme le téléphone sans fil ou les portables qui permettent de se déplacer tout en parlant avec son correspondant, les *e-mails* grâce auxquels on envoie des messages à l'autre bout du

---

3. *Livre des records.*

monde… donnent des moyens de travailler dans des lieux différents : chez soi, dans une bibliothèque, au bureau, dans le train… et de mener à bien les missions confiées dans une plus grande liberté, inimaginable il y a encore quelques dizaines d'années.

Le mouvement risque aussi de caractériser la vie sentimentale. Beaucoup auront à apprendre à s'adapter à des situations de plus en plus complexes (par exemple tous les problèmes, mais aussi tous les trésors d'amour, de patience, de compréhension et de doigté que demandent les familles recomposées).

Quant aux cimetières, que vont-ils devenir dans un monde qui bouge, qui éclate, où les enfants vont se retrouver dans des régions ou des pays différents ? Où sera la fixité ? Y aura-t-il encore des lieux fondateurs d'une famille ? Les descendants les accepteront-ils ?

L'approche de la mobilité et de la stabilité varie d'un individu à l'autre. Certains verront la continuité comme une réussite tandis que d'autres la ressentiront comme un carcan, un enfermement. Certains préféreront la mobilité parce qu'ils aimeront s'enrichir de situations, voire de cultures variées et se transformer à leur contact, tandis que pour d'autres, quitter un lieu, une fonction, entraînera encore de grandes souffrances. Mais réussir n'est-ce pas aussi savoir s'adapter à toutes les situations ?

Une famille épanouie

Lorsqu'un homme et une femme se marient ou décident de vivre ensemble, ils souhaitent, la plupart du temps, une fécondité pour leur couple : des enfants ou un accomplissement professionnel, spirituel, scientifique comme le couple Curie…

Une famille est un microcosme constitué de personnes différentes les unes des autres, chacune ayant une sensibilité, une identité, des aspirations, des désirs, des dons... qui lui sont propres. Des tensions peuvent se créer très vite, devenir irréversibles si les membres de la famille ne font pas preuve de bonne volonté en apprenant un vrai respect des uns pour les autres. Maintenir l'union de la famille suppose que les parents soient fidèles à eux-mêmes, compréhensifs, et s'aiment vraiment. Les enfants sont en effet, selon l'expression de Jacques Salomé, les « grands archéologues de l'inconscient de leurs parents ». Ils sentent très bien ce qu'on cherche à leur cacher. Pour qu'il y ait harmonie familiale, le père et la mère devraient pouvoir partager leur temps libre en trois : celui que chacun se réserve pour se ressourcer en lisant, en écoutant de la musique, en rentrant du travail à pieds pour décompresser, en faisant du sport... ; celui qu'ils donnent à leur couple en sortant tous les deux au restaurant, au spectacle, mais surtout en s'écoutant, dialoguant, en vivant l'intimité... ; celui qu'ils consacrent à leurs enfants pour partager avec eux la tendresse, le travail scolaire, les repas, les loisirs, les discussions... S'il manque l'un de ces niveaux, il y aura tôt ou tard énervement, absence, fuite.

L'épanouissement d'une famille suppose que chacun des membres connaisse ses limites, celles des autres et témoigne à cet égard de compréhension et de tolérance ; que chacun puisse mettre à jour son originalité. La découverte de son potentiel ne se fait pas sans les douleurs de l'accouchement. Il y aura à l'adolescence surtout, des erreurs de parcours, des recherches, des angoisses, des passages à vide, des comportements de fils prodigue ou de Caïn... qui déconcertent l'entourage. Mais une fleur intérieure aux couleurs merveilleuses et au parfum subtil va grandir dans ce terreau, avec Dieu comme jardinier qui aide à tirer un bien de toute chose. Encore une fois, cela suppose que les parents soient des révélateurs, des accoucheurs, des chercheurs d'or[4].

La réussite du couple

Aux yeux de nombreuses personnes, et en particulier dans les milieux chrétiens, le couple modèle est celui qui tient dans la durée. Passer de nombreuses années ensemble, fêter ses 50 ans de mariage est souvent considéré comme une preuve de réussite, quoi qu'il se soit passé dans la vie conjugale. « Sauver les apparences » a été longtemps aussi le *credo* de beaucoup d'unions difficiles. Mais l'amour dans tout cela ?

L'image du couple a évolué au fil des siècles. Il y a encore une cinquantaine d'années, l'idéal du couple était la symbiose entre deux personnes. En témoigne l'expression alors couramment utilisée de « ma moitié » pour désigner le mari ou l'épouse. Ce que l'un ne savait pas faire, l'autre y suppléait. Les rôles de chacun étaient définis. À l'épouse revenaient les tâches ménagères et l'éducation des enfants, tandis que le « chef de famille » allait travailler pour gagner l'argent du ménage, s'occupait des papiers administratifs, conduisait la voiture. Lorsque l'un des deux disparaissait, l'autre était perdu dans les domaines qu'il n'avait pris en charge. La relation fusionnelle est

4. Les pépites d'or se trouvent mêlées de boue ou de pierres brutes, sont incrustées dans des lieux difficiles à atteindre… (cf. « Un regard de lumière » et « Le vilain petit canard »).

émouvante dans le sens où chacun a effectivement besoin de l'autre pour ne faire qu'un : une moitié + une moitié = un. Mais cela se réalisait très souvent au détriment d'une partie de la personnalité de chacun, en général de la femme, et d'un manque, parfois total, d'autonomie. Dans un rapport de force accepté ou subi, l'un des deux se sacrifiait. Résultat, à la mort du conjoint, la personne dépendante ne trouvait pas la force de lui survivre. Cette attitude était plutôt valorisée par la société.

Au cours du temps, chacun apprit peu à peu à effectuer les tâches jadis réservées à l'autre. Ainsi, les femmes se sont-elles mises à travailler, à s'occuper des papiers administratifs, à conduire une voiture… tandis que de nombreux hommes commencèrent à faire les courses, à prendre soin des enfants… Désormais on n'avait plus affaire à « $1/2 + 1/2 = 1$ » mais à « 1 + 1 = 2 », chacun devenant plus complet. Du coup, la prise d'autonomie de l'un, de la femme en particulier, bouleversait l'image du couple qu'avait son conjoint. D'où, fréquemment, résistances, conflits, nouveaux rapports de force.

Le couple a ainsi évolué, et évolue encore, suivant trois étapes. La première est celle de la symbiose, de la fusion, de l'interdépendance où « 1 + 1 = 1 ». S'ensuit la deuxième phase au cours de laquelle chacun devient davantage lui-même. Ce fut, ou c'est encore aujourd'hui, le moment de l'autonomie, de la croissance individuelle où « 1 + 1 = 2 ». Chacun se construit. Le couple risque alors de se séparer si l'un n'accepte pas le développement de l'autre ou si les individualités s'affrontent. D'où les divorces actuels. Si le couple survit à ce changement intérieur, survient la troisième étape, celle de la synergie où « 1 + 1 = 3 » (si l'un symboliquement est jaune et l'autre est bleu, les deux s'enrichissent de ces couleurs complémentaires et ensemble donnent du vert). Chacun est alors complètement lui-même et les rôles sont répartis en fonction du temps, des goûts et des compétences des deux partenaires.

Mon expérience de thérapeute m'a conduit à rencontrer beaucoup de couples à des instants différents de leur vie. Pour certains d'entre eux, tout se passe relativement sereinement : l'homme et la femme ne regrettent pas leur vie commune parce qu'ils s'aiment vraiment et se sont bien, ou suffisamment bien, choisis physiquement, psychologiquement et spirituellement. Dans d'autres couples, l'homme réalise qu'il n'est pas « fait » pour la femme avec qui il vit ou inversement. Cela se manifeste souvent par une absence de dialogue et chacun s'arrange pour éviter de se parler en regardant la télévision, en s'occupant du jardin, de la voiture, des enfants, en se réfugiant dans le travail… Les époux ne partagent pas ou plus la joie d'être ensemble, ne sont plus vraiment attirés l'un par l'autre, n'ont plus de projets communs, ont perdu la complicité amoureuse qu'ils n'ont peut-être d'ailleurs jamais connue.

Il y a trois réactions possibles à cette situation. Les uns ne veulent pas en rester là et sont d'accord tous les deux pour évoluer ensemble en étant accompagnés par un thérapeute, un conseiller conjugal ou encore en suivant des sessions psychologiques ou spirituelles dans des lieux dont c'est la vocation. D'autres, devant le refus de l'un des deux de cheminer ensemble, « choisissent » le statu quo, de continuer à vivre sous le même toit, formant une « association » plus qu'un couple, chacun menant sa vie de son côté, l'acceptant plus ou moins bien, sans avoir de relations intimes, voire en dormant dans deux chambres séparées. Pour préserver une certaine sérénité, il est alors nécessaire que chacun en profite pour devenir davantage lui-même, enrichisse son existence personnelle et développe une fécondité dans une activité, quelle qu'elle soit, qui lui tienne à cœur. Enfin, il y a le cas où les conjoints ne se respectent plus : leurs rapports donnent lieu à de la violence physique, verbale, mentale, d'une brutalité que certains psychologues, comme Jacques Salomé, appellent le « terrorisme relationnel ». Si la séparation semble alors inévitable, car les conjoints vivent un véritable *« enfer »*, en tout cas un évident *enfer*mement, il s'agit, avant tout pour eux, de se demander comment réussir le mieux possible cette séparation et de se faire absolument aider en ce sens.

Porter un diagnostic clair sur la situation que l'on vit et s'unifier dans l'une des trois voies, dans un choix véritable, vaut mieux qu'être perpétuellement insatisfait, rouspéter et se plaindre, rabaisser et critiquer l'autre ou subir passivement et glisser dans la dépression.

L'image du couple réussi ne peut être unique, figée dans des règles rigides et culpabilisantes. On ne se marie évidemment pas pour divorcer, et la séparation est toujours une souffrance. Mais cette souffrance peut être féconde si, une fois encore, elle amène à réfléchir, à comprendre les raisons psychologiques de ses mauvais choix (similitude ou rejet par rapport au modèle parental, fuite du milieu d'origine, mauvaise image de l'homme ou de la femme, non amour de soi...) et à en tirer des leçons pour une nouvelle vie. Dieu connaît toutes ces difficultés et aidera chacun sur le nouveau chemin[5].

---

5. Anselm GRÜN, *op. cit.*

Quatre niveaux de communication

Pour les psychologues, réussir un couple c'est assurer, au mieux, quatre niveaux de communication. Si l'un d'eux manque, le couple « battra de l'aile », il y aura, tôt ou tard, une crise qui constituera, en même temps, une opportunité de changement et d'approfondissement.

Premier niveau : y a-t-il une vraie complicité amoureuse ? (on est bien ensemble, on rit ensemble, on partage la tendresse dans un amour physique simple et joyeux). L'analyse transactionnelle d'Eric Berne[6] appelle cela le niveau *Enfant / Enfant*.

Deuxième niveau : y a-t-il un vrai dialogue ? (chacun peut s'exprimer, chacun écoute, aucun n'écrase l'autre, on cherche ensemble des solutions). L'analyse transactionnelle appelle ce niveau *Adulte / Adulte*.

Troisième niveau : a-t-on des valeurs communes, un idéal, un projet de vie communs ? L'analyse transactionnelle parle de relation *Parent / Parent*. Est-on d'accord, de ce point de vue, dans la façon d'éduquer les enfants si l'on en a ?

Quatrième niveau : enfin et surtout, chacun peut-il se montrer lui-même, sans fard, sensible et vulnérable, à l'autre qui l'accepte comme tel ? Y a-t-il une relation d'agneau à agnelle (l'agneau est un animal sans défense) sans qu'il s'agisse de victimisation mais de la richesse retrouvée par chacun de son innocence et de sa sensibilité. Chacun sait-il accueillir, valoriser et rassurer le côté *Enfant* de l'autre et cela dans les deux sens ?

---

6. Alain Cardon, *L'analyse transactionnelle*, Paris, Éditions d'Organisation, 2003.

La merveille d'un couple, c'est de se donner à son conjoint et de le recevoir dans sa nudité dans tous les sens du terme. Cela par choix, sans pression, sans inquisition, sans curiosité malsaine qui porterait à vouloir tout savoir de l'autre. Potentiellement, Dieu est omniscient et donc sait tout, mais pratiquement et par amour, il se retire pour nous donner notre place entière, un espace où nous sommes libres. Il ne cherche pas à savoir malgré nous, contre notre volonté. Il ferme les yeux[7], comme devant les accusateurs de la femme adultère ou devant ceux qui martyrisent Jésus au moment de sa Passion (« Devine qui t'a frappé ? »[8]). Mais ensuite, quand nous le voulons bien, il nous relève, nous fait repartir, nous donne un surcroît de vie. Dieu n'est pas « l'œil dans la tombe qui regarde Caïn », même s'il cherche à nous ramener sans cesse au meilleur de nous-mêmes, tout en s'adaptant à nos choix. Il n'enfonce pas la porte de notre pensée ou de notre cœur, contrairement à ce que certains de nous essaient de faire ou acceptent de subir. Il est à la porte et il frappe. À chaque instant nous sommes libres d'ouvrir.

Les chemins de l'harmonie d'un couple passent par plus de liberté (le véritable amour, c'est de désirer le bonheur de l'autre), un meilleur équilibre entre l'autonomie et l'intimité : il est important de se préserver des temps ensemble, tout en acceptant de vivre certaines choses séparément. Cela est particulièrement important pour les couples qui se retrouvent à la retraite alors qu'ils ont peu eu l'habitude, au cours de leur vie, de se voir dans la journée…

---

7. Jean-Miguel GARRIGUES, *Dieu sans idée du mal,* Paris, Desclée et Brouwer, 1999.

8. Évangile selon Luc 22, 64.

Quant à ceux qui, aujourd'hui, recherchent un conjoint, qu'ils soient au clair avec ce qu'ils veulent vraiment. Quelles qualités fondamentales ont-ils envie de trouver : la tendresse, la fidélité, la fiabilité… ? Quelles valeurs désirent-ils partager : l'amour de Dieu, l'éducation des enfants… ? Quelle part de qualités communes et de différences enrichissantes souhaitent-ils ? Trop de différences éloignent. Trop de ressemblances risquent d'entraîner la fusion, un manque d'autonomie et d'ouverture sur l'extérieur.

Saurons-nous attendre le cadeau de Dieu ou irons-nous trop vite dans des relations insatisfaisantes dont nous aurons ensuite à tirer la leçon ? Saurons-nous rester ouverts et confiants sans nous rigidifier ? « Je te bénis, Seigneur, pour celui (celle) qui sera un cadeau pour moi, comme je serai un cadeau pour lui (elle). » « Je prie pour lui (elle), bénis-le (la), dis-lui que je suis prêt(e) et que je l'attends. »[9] Ensuite, nous aurons vraiment à nous préparer comme la fiancée le fait pour son fiancé et vice-versa. Dégageons-nous, pour notre futur conjoint, de tout ce qui pourrait être un obstacle à notre couple : irritabilité, jugements critiques, peur de décevoir et d'être déçus, perfectionnisme outrancier… mais aussi dépendance d'avec nos parents et notre famille, regrets et ruminations sur le passé, crainte trop forte de l'avenir, nostalgie de tel ou tel partenaire dont nous avons rêvé, que nous avons idéalisé, qui nous a quittés…

9. Lire à ce sujet de Denis et Suzel Bourgerie, *Glorieuse Rencontre : Comment recevoir du cœur du Père son époux(se)*, Edicoes, Logos, 2004.

Rebondir après la séparation

Si pendant longtemps le modèle social ou chrétien du couple réussi a été celui de la durabilité coûte que coûte, on perçoit bien, aujourd'hui, que les relations hommes-femmes sont plus complexes, qu'il existe plusieurs types de couples, plusieurs fécondités et que la réussite ne se mesure pas seulement à la durée.

On nous apprend la propreté, la cuisine, le ménage, les langues, les mathématiques, la géographie... ; un métier, la citoyenneté... mais pas la vie à deux. Tant qu'il n'y aura pas de formation véritable à la vie de couple, hommes et femmes risquent de se retrouver ensemble pour des raisons psychologiques diverses: « C'était le premier... ; Je voulais fuir mes parents... ; J'ai été subjuguée... ; Je me suis dit que personne ne pourrait m'aimer, alors j'ai dit "oui" ; Elle ressemblait à ma mère... ; C'était tout l'inverse de mon père... » Ces raisons peuvent amener à former ce que certains appellent des couples pédagogiques contribuant, au mieux, à favoriser la croissance individuelle des deux partenaires.

Dans ces conditions, à côté des couples s'aimant réellement, des générations de ménages ont vécu des rancœurs, des incompréhensions voire des haines larvées dans lesquelles ils se sont consumés tout en restant ensemble. De cette image idéale du couple parfait résistant contre vents et marées et qui se voulait immuable, sont nés beaucoup de mensonges, d'hypocrisies, de ressentiments, de guerres de tranchées entre mari et femme... Extérieurement, chacun faisait le nécessaire pour sauver les apparences, l'on se trouvait entre « gens de bonne compagnie ».

Certes, tout doit d'abord être mis en œuvre pour que le couple soit préservé et s'harmonise de mieux en mieux. Pour cela, il peut être nécessaire, à certains moments, de se faire aider, accompagner, de suivre ensemble certaines formations ou retraites. On n'investit jamais assez dans des temps de couple ! Mais si cela échoue, si l'un des deux, voire les deux, ne veut pas « bouger », une séparation momentanée peut amener à réfléchir, toujours à condition d'en profiter pour faire objectivement le point avec quelqu'un d'extérieur et cheminer psychologiquement et spirituellement. Et si, finalement, on va vers une séparation définitive, que l'on n'oublie pas tout ce que l'on se doit mutuellement, ce que l'on a appris grâce à l'autre, et que l'on fasse tout pour que les enfants éventuels soient le moins déchirés possible ! Comme le disent certains psychologues : « Si on n'a pas réussi sa vie de couple, que l'on réussisse au moins la séparation ! » Une bonne séparation est tout un art et demande beaucoup d'amour, de patience, de délicatesse, de remise en cause positive de chacun des conjoints.

Le divorce est, de toute façon, une épreuve très douloureuse, où l'on revit des sentiments archaïques de rejet, d'abandon, d'injustice, de trahison voire d'humiliation.

Dans de nombreux cas, l'un des deux refuse la rupture. Certains restent fidèles à l'époux(se) qui les a quittés(es) et qui, sans doute, ne reviendra jamais…

La personne qui a vécu un divorce doit aussi affronter le regard des autres. Au début, on a souvent pitié de la femme « abandonnée », mais en même temps on s'en méfie parce qu'elle peut représenter un danger pour les autres couples qui, ainsi, montrent leur propre vulnérabilité. Le « divorcé » n'est pas toujours compris, accueilli… Certains amis s'éloignent ou l'invitent de moins en moins. Le danger face à ces réactions consiste à s'enfermer dans un rôle de victime et de ne pas rebondir, de se trouver des persécuteurs: celui qui est parti, et ceux qui le soutiennent, de chercher des sauveteurs qui compatissent et d'entrer dans ce que l'analyse transactionnelle nomme le triangle dramatique: *Persécuteur-Sauveteur-Victime* en devenant soi-même une victime persécutrice[10].

Traverser toutes ces difficultés, est-ce un échec ou une réussite ?

La séparation est l'épreuve de l'amour. Certaines des femmes, qui disaient être très éprises de leur mari, ont développé une haine profonde à son égard lorsqu'il a quitté le foyer. Autant une colère est compréhensible dans les phases dites de « deuil », autant une agressivité durable, voire définitive, montre qu'on ne s'est pas vraiment remis en cause, qu'on refuse de lâcher prise et que son « amour » était imprégné de possession et de domination.

Si la tendresse est réelle, on a le cœur déchiré, on cherche à comprendre ce qui s'est passé, on réfléchit à la part de responsabilité que l'on peut avoir dans la séparation, à la part de responsabilité de l'autre. On se demande aussi pourquoi on a peut-être mal choisi son partenaire, ce qui dans le passé a conduit à agir ainsi... L'amour véritable ne serait-il pas de vouloir malgré tout le bonheur de l'autre, d'accepter sa liberté sans le condamner, même si cela fait très mal ? Qui va triompher finalement en nous: le vrai amour, ou la partie possessive qui va tenter par tous les moyens, même les plus discutables, de maintenir l'intégrité du couple, de retenir celui (celle) qui part et qui, face à sa résistance, et

10. Alain Cardon et Alain Mermet, *Vocabulaire de l'analyse transactionnelle,* Paris, Éditions d'Organisation, 1982.

après lui avoir fait de multiples « scènes », le (la) noircira aux yeux des autres par des médisances, des paroles blessantes… ?

L'attitude juste est sûrement d'accepter la souffrance, de chercher à comprendre, de vivre une profonde contrition pour ce qui est de sa part, sans se culpabiliser inutilement. On relit sa vie, ses blessures d'enfance non résolues, on regarde en face les scénarios de répétition. Le divorce peut faire revivre ces moments où, enfant, on ne s'est pas senti compris, où l'on a été bafoué, abandonné, ces moments où les parents ont préféré le frère ou la sœur… Alors, à son tour, on se met à porter des jugements critiques, à dénigrer celui ou celle qu'on pensait aimer… Si l'on a le goût de la vérité, on réalise que le sentiment que l'on éprouve est captatif, manipulatoire, au lieu d'un amour qui laisse libre, comprend, perçoit les blessures et les besoins de l'autre. Ce chemin de compréhension, qui seul permet un vrai changement, est indispensable si les époux veulent se donner une chance de se retrouver. Et encore, se retrouver, mais pas à n'importe quel prix, afin de ne pas recommencer les mêmes rapports de force quelques semaines, voire quelques mois plus tard. Si les retrouvailles s'avèrent impossibles, le chemin devient celui de l'acceptation, de la découverte d'une vie nouvelle. L'autonomie est à ce prix et Dieu y aidera.

La séparation, le divorce sont l'opportunité de faire le point, de se demander : « Qu'est-ce j'ai fait de ma vie jusqu'à présent… ? Que vais-je faire maintenant ? » Ces questions font souvent surgir des peurs : peur de la solitude, peur d'avancer et de changer, peur des femmes au foyer devant la nécessité de trouver un travail, de gérer leur vie, de mener leur existence tout autrement que ce qu'elles avaient imaginé.

Qu'est-ce qui peut émerger de cette épreuve? Quelle force nouvelle peut en sortir? Pourquoi le divorce ne serait-il pas « l'occasion » d'accomplir quelque chose que l'on désire profondément, de découvrir une voie que le mariage ne permettait pas de réaliser par manque de temps, d'aspirations partagées, ou à cause du refus de l'autre... C'est ainsi que certains se lancent dans une œuvre, dans une action à laquelle ils vont pouvoir se consacrer pleinement. D'autres élargissent leur cercle d'amis. D'autres encore, après avoir tiré la leçon du passé, fondent un nouveau foyer dans lequel ils s'épanouissent. D'autres offrent leur vie de solitude avec un vrai « oui » ouvrant sur une extraordinaire fécondité. D'autres, enfin, rejoignent une communauté monastique ou de vie.

La vie communautaire

Une communauté peut être vraiment un lieu qui aide chacun à accomplir son choix d'origine grâce à la prière, l'adoration, la *lectio divina* (lecture méditée de la Bible), le travail, la règle, la fraternité et le rappel des valeurs, mais qui aussi accepte le départ de ceux et celles qui, après avoir tout fait pour tenir et persévérer, demandent la liberté de s'en aller. Ainsi, quand un prêtre ou une religieuse quitte le sacerdoce ou le couvent, au lieu de porter sur eux un jugement sévère et souvent accusateur ou culpabilisant, si bien que certains fuient de nuit ou mènent une vie double, ne devrions-nous pas nous abstenir de leur faire porter un lourd fardeau[11]? Ne vaudrait-il pas mieux parfois,

11. « Mon fardeau est léger », dit Jésus (Matthieu 11, 28-30).

après un temps de retraite, de recul, de mûrissement, d'approfondissement, qu'ils puissent aller vers un autre choix[12] ? Certains prêtres ou religieuses sont devenus d'excellents thérapeutes, assistantes sociales, formateurs, éducateurs..., ce qu'ils ne pouvaient être dans leur couvent ou leur communauté paroissiale. Nous sommes tous coresponsables et cela devrait faire réfléchir les paroissiens qui prennent le pouvoir dans leur paroisse et, inversement, certains ecclésiastiques qui, compensant leur manque affectif par une dureté ou une cérébralisation outrancière, découragent beaucoup d'hommes et de femmes de bonne volonté.

Dieu n'est pas un dictateur. Il n'oblige jamais à suivre une voie qui ne serait pas vraiment la sienne, qui ne correspondrait pas à sa nature profonde, à son axe. Or, il y a eu des erreurs de discernement concernant certaines vocations. Il arrive que le manque de vie sentimentale soit une plaie à vif pour certains religieux au point qu'ils sombrent dans la dépression ou s'étourdissent de médicaments. Certains sont même tentés par le suicide ou passent à l'acte. Il y a des années, j'ai connu un ancien prêtre qui avait épousé une ex-religieuse. Ils étaient devenus d'honnêtes commerçants, des crémiers. Évidemment, à l'époque leur parcours choqua beaucoup, et cela se comprend, mais ils ont peut-être mieux servi Dieu en aimant leur métier, leurs clients, en bénissant ceux-ci et en priant pour eux, qu'en poursuivant leur vie religieuse qui était, dans leur cas, pleine de doutes, d'aigreurs, de ressentiments. À nous d'aider ceux qui se reconvertissent à repartir, à rebondir, tout en restant serviteurs de Dieu.

---

12. Anselm Grün, *op. cit.*

Dieu éclaire l'homme sur ses choix et sur leurs conséquences. Il donne à voir ce qui est le meilleur pour chacun. Il offre à chaque fois de nouvelles chances, d'autres possibilités. C'est le Dieu des recommencements, des jaillissements de vie. C'est aussi le Dieu des aboutissements par des chemins qui, souvent, nous surprennent, voire nous désarçonnent. Il nous aide toujours et partout, suivant nos choix, à réaliser ce que nous sommes vraiment et ce que nous portons en profondeur.

DEUXIÈME PARTIE

L'homme tridimensionnel

À l'image des fameuses *matriochkas* russes qui s'ouvrent une à une jusqu'à la poupée centrale, on peut dire, en simplifiant, que la structure interne de l'homme est tripartite. La première poupée visible, extérieure (la poupée du dessus) correspond chez nous au paraître; les poupées intermédiaires peuvent représenter les différentes couches de notre psychisme: conscient, préconscient, inconscient personnel, inconscient collectif; la dernière, la plus profondément enfouie (la plus petite poupée qui est au cœur des autres) désigne notre être profond. Remarquons d'ailleurs que seule cette dernière est véritablement unifiée puisqu'elle ne se divise pas en deux.[1]

---

1. Yves BOULVIN, Anne VILLEMIN, *Choisis la Vie*, Nouan-le-Fuzelier, Éditions des Béatitudes, 2001.

N'ayant pas appris à l'école ou dans leur famille d'origine cette structure tripartite, la plupart des gens mélangent les différents niveaux, s'identifient à une partie prépondérante en oubliant les autres. D'où des phrases comme « C'est un… » ou « Je suis » en colère, ou pire « Je suis colère » (au lieu de « Je sens de la colère en moi », ce qui n'exclut pas, en même temps, de la tristesse, de la peur ou de la joie à d'autres niveaux).

Apprendre à discerner les diverses couches de notre structure intérieure (paraître – personnalité – être), prendre conscience des différentes facettes de notre personnalité comme le fait l'analyse transactionnelle[2], nous donnera une autre vision de nous-mêmes et des autres, nous aidera à mieux comprendre et à relativiser. Ce n'est pas la même chose de dire « C'est nul » ou « Il est nul » que de dire « Dans ma partie *rebelle* je me sens en colère car je revis avec mon patron certaines injustices que j'ai connues avec mon père, mais dans ma partie objective *(Adulte)* je sais que mon patron n'est pas responsable de mon passé et je prends du recul. Une partie de moi compréhensive *(Parent nourricier)* sent qu'actuellement c'est difficile pour lui. Ma partie *créative* prend les choses avec humour… » Tout cela est évidemment plus long, mais correspond tellement plus à la réalité !

---

2. Alain CARDON, *L'analyse transactionnelle*, Paris, Éditions d'Organisation, 2003.

Chapitre 3

LE PARAÎTRE

L'apparence physique tient une place prépondérante dans notre société. Les médias (journaux, télévision), les affiches sont les supports de multiples publicités qui sacralisent le corps mince et musclé. Ils vantent des produits censés maintenir jeunes et beaux. Parallèlement, on assiste au succès des professionnels du *relooking*, à celui de la chirurgie esthétique qui façonne le visage, les seins, les fesses… selon les critères imposés par le *diktat* de la mode. Cette inflation d'images toutes faites de la beauté exerce une forte pression : certaines jeunes filles, par exemple, suivent des régimes draconiens pour avoir la silhouette des stars ou des mannequins qui posent dans les magazines.

Comprendre son corps autrement

Certes, on peut avoir envie de mettre son corps en valeur par l'habillement, le maquillage ou la coiffure... ; il est louable de le maintenir sain en ayant une bonne hygiène de vie, de le perfectionner en pratiquant un sport qui le sculpte et le muscle...

Mais, que nous soyons bien portants, malades ou handicapés, apprenons à regarder notre corps avec des yeux neufs, en découvrant l'extraordinaire complexité et la beauté de son fonctionnement : émerveillons-nous en prenant conscience de tous les mécanismes intérieurs qui se mettent en œuvre pour réaliser le moindre geste, pour tendre une main, pour que circule notre sang, pour que batte notre cœur qui aime, pour que notre tête pense...

Nous critiquons souvent notre corps. Aujourd'hui, demandons-lui pardon et réconcilions-nous avec lui. Apprenons à l'aimer tel qu'il est et, comme nous l'aimerons, il fonctionnera mieux. Bien des femmes se plaignent d'avoir de la cellulite, un ventre déformé par suite de grossesses, de césariennes ou d'opérations... Mais le mari qui aime vraiment son épouse aura plein de tendresse pour ce corps « abîmé » par amour. En le voyant, il lira son histoire, tout ce que sa femme a vécu et il en sera profondément ému.

Les « défauts », ou ce que l'on perçoit comme tels, sont souvent à l'origine de complexes, conséquences d'humiliations subies dans l'enfance, de moqueries qui ont engendré des blessures profondes ou des mal vécus... Le nez que l'on juge proéminent, les oreilles que l'on estime trop grandes sont pourtant d'abord des récepteurs pouvant témoigner d'une qualité d'intuition ou d'écoute. C'est ainsi qu'un homme, qui avait très mal vécu les sarcasmes concernant ses oreilles : « Ça va

Dumbo, tu tiens bien le vent… » eut un jour une révélation inattendue quand quelqu'un lui fit remarquer la finesse de son écoute. Il devint psychothérapeute !

Le corps s'adapte aux aspirations profondes de chacun. Il est fait pour réaliser une mission spécifique : certains ont besoin de force physique, d'autres ont une vocation plus intellectuelle, d'autres développent un corps plus léger de par leur vie plus intériorisée, plus spirituelle.

Plus nous aimerons notre corps, mieux il nous servira et meilleure sera notre santé. Savoir bénir notre corps, laisser l'amour de Dieu l'irradier, permettra à la beauté qui nous habite en profondeur de rayonner.

Prendre conscience des moules sociaux

« Sois sage !… Écoute quand on te parle !… Fais attention à !… Un garçon ne pleure pas !… Les filles ne doivent pas !… Les enfants n'ont pas le droit de !… », autant d'injonctions et d'interdictions couramment utilisées dans l'éducation des enfants.

Comme il veut absolument être aimé, le petit se conforme d'abord à l'attente de ses parents. Il est plus ou moins *soumis*. Il se moule. En grandissant, il prend de la distance, il s'oppose et devient plus *rebelle*, plus réactif car il cherche sa spécificité, son originalité. Enfin, il fera le tri dans tous les modèles éducatifs qui lui ont été proposés, voire imposés, pour devenir *Adulte*.

Nous avons appris à nous mouler dans les formes conventionnelles de tel ou tel milieu pour ne pas choquer, pour être acceptés. Il y a un mimétisme dans la manière de s'habiller, de penser, de parler : certains mots, certaines tournures renvoient à la façon de s'exprimer d'un parent, d'un leader politique ou religieux, mais aussi d'une ville, d'une région, d'une communauté, et ceux qui l'entourent, ou en font partie, en deviennent parfois une copie plus ou moins fidèle. On reconnaît souvent leur appartenance par leur vocabulaire.

En reprenant le langage de l'analyse transactionnelle, on peut dire que quelqu'un qui a développé son *Enfant soumis*, se pliera aux normes, aux conventions. C'est lui qui cherchera le plus à plaire, faire plaisir, se faire « bien voir ». S'il se met au contraire dans son côté libre, *spontané*, il se souciera peu du qu'en-dira-t-on. Il sera décontracté et aimera une certaine fantaisie. L'*Enfant rebelle* en lui prendra le contre-pied de ce qu'on lui demande, des notions inculquées par l'éducation, l'autorité établie. Il aura besoin de marquer sa différence : comme l'adolescent il s'habillera de façon voyante, voire provocante. L'*Adulte* saura s'adapter aux circonstances tout en restant lui-même. Il portera un costume quand son environnement professionnel l'exige mais s'habillera de façon légère, sportive ou décontractée dans d'autres occasions. Une personne très *normative* voudra donner l'exemple dans son entourage, sera plus conformiste, voire rigide, affichant souvent des valeurs du passé. Enfin, la partie *créative*, artiste, préférera des tenues plus originales, bariolées ou inattendues.

Dans tous ces comportements, sommes-nous vraiment nous-mêmes, tout en sachant nous adapter aux autres et aux circonstances ?

Pouvons-nous dire, aujourd'hui, que nos pensées, nos émotions, les phrases que nous prononçons, nos gestes relèvent bien d'un choix personnel, ou sont-ils uniquement des répétitions, des imitations, des caricatures ?

Trois injonctions de base, entendues dans l'enfance, ont tendance à nous faire mettre des masques devant les autres: « Sois gentil..., Sois parfait..., Sois fort... »

Des phrases comme: « Sois gentil..., Fais plaisir..., Ne sois pas égoïste... » ont tendance à faire de nous des personnes gentilles en surface, serviables, qui « s'oublient », mais souvent au détriment d'un bon amour, d'une saine affirmation d'elle-même et des récréations quotidiennes nécessaires. Cela peut cacher bien des refoulements et des sentiments négatifs...

« Sois parfait » nous conduit à nous montrer sous notre meilleur angle, comme des personnes sans faille, « bien sous tous rapports », et peut nous amener à être trop exigeants vis-à-vis des autres comme de nous-mêmes, à avoir un regard critique sur tout ce qui « cloche », à être trop pointilleux, en un mot, perfectionnistes.

« Sois fort » nous amène à apparaître comme des personnes « sans état d'âme », lisses, sans émotion, stoïques, menées par des injonctions comme: « Un homme n'a pas peur; Un homme ne pleure pas; N'éclabousse pas les autres avec ta joie... » Le manque d'expression permet de ne pas avoir de rides, mais à quel prix!

Or, sous une apparence de rondeur, de rationalité, de suffisance, d'agressivité, de dureté... se cachent bien des peurs:

- peur des autres;
- peur de la critique;
- peur de se « faire avoir »;
- peur de décevoir ou d'être déçu;
- peur d'être proche physiquement ou émotionnellement;
- peur d'être soi-même...

Il suffit de regarder le comportement extérieur des animaux quand ils ont peur pour comprendre nos mécanismes de défense. Certains fuient, d'autres s'envolent (ne dit-on pas de certaines personnes qu'elles sont « dans la lune », ont « la tête ailleurs », ou sont « insaisissables ») ; d'autres se gonflent, bombent le torse, crient ou agressent... ; d'autres se terrent, se camouflent, prennent la couleur de l'environnement ou pratiquent « la politique de l'autruche » ; d'autres manipulent, endorment leur adversaire, utilisent des subterfuges (certains poissons trompent leurs prédateurs car leur tête ressemble à une queue et vice-versa)...

Quels sont nos masques, quels genres d'animaux sommes-nous ou plutôt manifestons-nous ? Parmi eux, rares sont ceux qui sont sans défense. Il y en a un, pourtant, qui ne sait ni fuir, ni agresser, ni se cacher... c'est l'agneau ! Il y a en chacun de nous un petit agneau, une petite agnelle. Les épreuves de la vie l'ont amené(e) à se barricader, à s'entourer de couches protectrices. À nous d'en prendre conscience, de retirer peu à peu celles qui sont devenues inutiles et de les remplacer par d'autres, plus souples, plus ouvertes, correspondant mieux à ce que nous sommes vraiment et à ce que nous avons à réaliser.

Chapitre 4

LA PERSONNALITÉ PSYCHIQUE

Notre personnalité est complexe. Elle comprend plusieurs éléments que nous avons à unifier.

Nous sommes comme un orgue

Les tuyaux qui composent un orgue peuvent être assimilés aux diverses composantes de la personnalité. Il en ressort des notes mélodieuses grâce au puissant courant d'air qui y circule, comparable au souffle divin qui nous habite en profondeur. Mais chaque tuyau doit être calibré d'une certaine manière si l'on veut qu'il livre bien la sonorité qui est la sienne. Si l'ouverture est trop grande ou trop petite, le son ne passe pas bien. C'est ce que montre l'analyse transactionnelle à travers la dynamique des différents pans de la personnalité.

En nous, le *Parent normatif* apporte les valeurs, les règles, les normes. Il structure, il donne des limites. Il charpente. S'il est excessif, il écrase, il stérilise la spontanéité, les émotions, la créativité. Mais s'il est trop faible, nous manquons de rigueur, d'autorité, de clarté, de fondation…

Notre *Parent nourricier* sait valoriser, rassurer, encourager, prendre dans les bras. C'est le côté « Papa-Maman ». Il est bienveillant. S'il est trop fort, il étouffe, il envahit, il fait à la place. S'il est trop peu développé, nous aurons du mal à comprendre les autres, à nous mettre à leur place, nous manquerons de chaleur, d'empathie.

L'*Adulte* qui nous habite prend du recul. Il ne se culpabilise pas inutilement. Il est efficace. Il ne cherche pas des coupables mais des solutions. Il ne dit pas : « J'aurais dû… ; Si j'avais… », mais plutôt : « Comment ferai-je la prochaine fois… ? ; Que vais-je faire maintenant… ? » Il se responsabilise. Il est autonome. Il parle en termes de « Je » et non de « Il faut… ; On doit… ; Y'a qu'à… » Aussi, sait-il écouter, dire et dialoguer vraiment. Excessif, il devient froid, lointain, cérébral. Trop faible, il se laisse submerger, contaminer par les émotions ou les valeurs. Il est le pivot de la personnalité, il en est le chef d'orchestre. Il sait aussi bien dire « oui » que « non » et en toute liberté. Il tire les leçons, choisit en fonction des conséquences. Il équilibre tous les autres tuyaux de l'orgue. Sans lui, c'est la cacophonie, nous sommes tirés à hue et à dia, nous avons des hauts et des bas, des cycles excitation - dépression, nous nous dévalorisons ou nous nous survalorisons, nous entrons dans des rapports de force, nous oscillons entre des pulsions contradictoires qui jaillissent, des interdits qui les combattent ou/et des permissions excessives qui laissent tout passer.

L'*Adulte*, lui, reçoit tous ces courants, discerne, trie, oriente, en faisant des choix positifs et opérationnels.

L'*Enfant soumis* est cette partie de nous qui cherche à bien faire, qui est consciencieuse, mais aussi, si elle est trop forte, qui hésite, se dévalorise, a des complexes, ne prend pas de risques, se répète des phrases poison entendues dans sa jeunesse, se moule aux attentes des autres, a du mal à s'opposer tant elle exprime un besoin d'être aimée.

L'*Enfant rebelle*, au contraire, s'oppose, rouspète, revendique, se met en grève, « oublie » de faire ce qu'on lui a demandé, déstabilise, remet en cause, dit « non » ou « oui mais... ». S'il est trop faible, nous risquons de nous faire piétiner ou d'être abusés. S'il est trop fort, nous excellons à provoquer, à entretenir des conflits ou des jeux psychologiques[1].

L'*Enfant créateur* en nous fourmille d'idées, d'imagination, sait se projeter dans l'avenir. Il est intuitif, ouvre de nouveaux horizons. Trop fort, il déconnecte du réel. Trop faible, il est vite à court d'idées et rentre dans le conformisme du soumis.

Enfin, l'*Enfant spontané* est le réservoir de toute notre énergie de vie, de nos émotions, de nos sensations. Il est la source de notre motivation, de nos désirs. Trop développé, il s'emballe, il va trop vite ou ne tient pas compte de l'environnement. Trop faible, il produit le manque d'enthousiasme, la dépression, le « À quoi bon ». C'est en nous la partie qui a besoin de récréations, de se ressourcer pour revitaliser l'ensemble de la personnalité.

On voit que, comme pour les 7 petits nains de *Blanche Neige*, ou les 7 couleurs de l'arc-en-ciel (le blanc

---

1. Yves Boulvin, Anne Villemin, *Choisis la Vie*, Nouan-le-Fuzelier, Éditions des Béatitudes, 2001.

est le mélange des 7 couleurs quand on les fait tourner rapidement sur un disque), chacune des 7 parties de notre psychisme, d'après l'analyse transactionnelle, a son rôle, mais c'est l'*Adulte* qui en fait la synthèse s'il se met au service des autres parties pour les guider, les organiser, et non pour les enfermer en les contrôlant de façon excessive.

Devant une attitude répétitive de colère par exemple quand, alors que nous nous rêverions doux (l'idéal qui nous habite en profondeur) nous nous mettons à nous fâcher de façon disproportionnée, la partie *Adulte* ne va ni juger ni dramatiser comme peut le faire le *Parent normatif* ou l'*Enfant soumis*. Elle va se poser deux questions essentielles inspirées par Dieu : « Quelle était ton intention ? » et « Que vas-tu faire maintenant ? » Ainsi, l'*Adulte* va-t-il réfléchir à la raison de cet énervement, à l'origine de ces colères et se demander comment utiliser positivement leur énergie, remettre les compteurs à zéro pour redevenir calme ? La mère de famille va, par exemple, s'apercevoir que, dans son aspiration à tout donner (trop de *nourricier*), elle oublie de s'occuper d'elle-même *(Enfant soumis)* ; elle néglige la petite fille qui est en elle et qui a besoin de récréations *(Enfant spontané)*. Si elle ne prend pas soin de cette petite fille comme des autres membres de sa famille, si elle ne se ressource pas en se ménageant des temps à elle, elle risque de s'énerver périodiquement et de se le reprocher *(Parent normatif critique)*. Comprendre que son irritabilité vient de sa fatigue, de son surmenage, permet de prendre de nouvelles résolutions : « Que vais-je faire maintenant pour que cela change ? »

Le *Parent nourricier* trouve la façon juste de dire les choses en tenant compte de la fragilité ou de la susceptibilité de l'autre. Il sait « mettre les formes », il « arrondit les angles ». Il met de « l'huile dans les rouages » là où le *Parent normatif* est trop tranchant, entier, d'une seule pièce. Il apporte de la rondeur à ce qui est trop carré. Il vise le bien là où le *Parent normatif* cherche le vrai, mais encore faut-il que ce vrai et ce bien sachent s'adapter objectivement aux autres, à la situation, ce à quoi contribue l'*Adulte* qui n'envahit pas et ne domine pas.

Enfin, s'il est important de savoir respecter certaines règles *(soumis)* mais aussi de les contester quand elles ne sont pas justes[2] quitte, parfois, à bouleverser un certain ordre social *(rebelle)*, la partie *Adulte* seule apportera l'efficacité véritable en choisissant la façon et le moment, et le *Parent nourricier* adoucira l'expression quand c'est nécessaire[3].

Voilà notre personnalité, voilà les tuyaux de notre orgue. L'excès de *nourricier* et de *soumis* produit des gens « gentils » (« Fais plaisir ») qui doivent apprendre à s'occuper plus d'eux-mêmes, à se positionner plus nettement.

L'excès d'*Adulte* et secondairement de *Parent normatif* (« Sois parfait ; Travaille d'abord – Joue plus tard ») développe des perfectionnistes, des « travaillomanes »[4] qui contrôlent tout, ont le souci du moindre détail et délèguent mal. Le remède ? « Sois réaliste, tu n'as pas besoin d'être parfait pour que ta valeur soit reconnue et appréciée… »

---

2. Un livre sur l'abbé Pierre l'appelle « l'insurgé de Dieu ».

3. Si vous souhaitez connaître la façon dont votre personnalité s'est structurée, vous pouvez remplir le questionnaire situé en fin du livre d'Alain Cardon, *L'Analyse Transactionnelle*.

4. Michel WALTER, *Votre Personnalité de Manager*, Paris, Éditions d'Organisation, 1988.

L'excès de *normatif* et de *soumis* engendre les « stoïques » (« Sois fort ») qui risquent de se refermer comme des huîtres, de trop s'introvertir, de se braquer, de se durcir. Le message à leur donner ? « Retrouve ta tendresse, ta vulnérabilité, tes émotions, il y a en toi une perle précieuse, un trésor, ouvre-toi… »

L'excès de *rebelle* vient souvent d'un parent trop autoritaire, peu démonstratif ou envahissant, perfectionniste, jamais satisfait : « Tu peux mieux faire… ; Va plus vite, va plus loin, va plus fort… » Le remède ? L'encouragement, la compréhension : « C'est bien, bravo, continue, va à ton rythme. Prends le temps quand c'est nécessaire. Le blé semé en automne ne sera récolté qu'au printemps, voire en été. Il faut neuf mois pour une grossesse. Persévère !… »

Allumer la lumière pour descendre à la cave

Dès les débuts de la psychanalyse, l'inconscient a été comparé à une cave dans laquelle s'entassent pêle-mêle les désirs refoulés, les interdits, les blessures… qui, tout en étant enfouis dans la profondeur et l'obscurité, régissent néanmoins un grand nombre de nos actes. Le psychisme est comme une véritable bibliothèque de la mémoire qui stocke tous nos souvenirs. Il engrange également les émotions qui leur étaient associées (joie, peine, colère, peur…).

Au-delà de nos propres souvenirs résident aussi, dans le psychisme de chacun de nous, les legs de notre hérédité : ceux de nos parents, de nos ancêtres même très lointains. Au fil des siècles, l'histoire familiale est parsemée de meurtres, de viols, de vols mais aussi d'oblativité, de générosités de toutes sortes. Aucun de nous n'est donc exempt de tendances à la violence, la manipulation, la domination, la possessivité, comme de désirs d'aimer, de partager, de contribuer au vrai, au beau, au bien.

Seul Dieu peut nous aider à voir clair dans cet amas confus et à sortir du labyrinthe édifié par nos éducateurs et nos ancêtres. Il nous demande d'honorer notre père et notre mère : nous avons à nous rappeler tout ce qu'ils nous ont donnés, apportés et les en remercier. Il nous dit aussi : « Quitte ton père et ta mère » : nous avons à nous détacher des liens trop lourds, des visions doloristes, autodestructrices ou pessimistes qui nous ont été inculquées, et à appréhender, d'une façon nouvelle, notre existence en Dieu : « Je suis venu libérer les captifs et annoncer la Bonne Nouvelle. »

Une théologienne orthodoxe, psychothérapeute, avait coutume de dire : « On ne descend pas à la cave sans allumer la lumière. » Dieu éclaire tout d'une lueur douce et tendre. Avec Lui, nous pouvons plonger dans le fond de notre psychisme sans porter de regard accusateur ou culpabilisant sur ce que nous y découvrons, sans réaction de repli sur nous-mêmes, sans nous agresser, sans nous durcir, sans nous décourager, pour faire émerger avec force à notre conscience une nouvelle vision. La voix de Dieu prend parfois des inflexions plus nettes, plus fermes, mais elle reste toujours dénuée de reproches. Dieu s'appuie sur ce qu'il y a de meilleur en nous, hommes et femmes de bonne volonté qui cherchons à nous améliorer. Il sait nous rappeler nos dons et qualités, les mettre en valeur pour ensuite éclairer les emplacements plus sombres de notre maison intérieure. Nous avons à mettre des fenêtres, voire des baies vitrées, dans toutes les pièces pour que passe sa lumière : là où se trouvent nos blessures, nos manques, nos mal vécus, nos déchirures… Si nous nous enfermons sur nos aigreurs, nos regrets, nos refus… notre maison restera plongée dans l'obscurité. Nous avons à laisser entrer le soleil divin partout, dans le moindre réduit, dans le grenier, dans la cave, alors que nous avons honte de les voir si sales et si mal rangés. Nous osons mettre à jour ce que nous avions caché jusque-là et l'offrir à Dieu. Nous ressentons ce bonheur qui nous envahit quand la lumière revient après la nuit, quand la chaleur du soleil commence à se manifester. Nous n'avons pas à les mériter, nous les recevons gratuitement et elles baignent tous nos sens.

Dieu garde toujours une lumière allumée pour nous faire voir, avec douceur, ce qui nous encombre et les sabotages que nous mettons en œuvre inconsciemment, ceux-là même qui nous empêchent de participer à la vraie joie qu'Il veut nous donner. C'est ce que comprit un jour un automobiliste qui, sur une route de montagne, croisa tour à tour trois voitures dont un phare était allumé et l'autre éteint. Un phare allumé pour éclairer les zones sombres de notre inconscient ; un phare allumé, mais qui n'éblouit pas. Un phare éteint mais qui ne désespère pas. Un phare allumé pour éclairer autrui, un phare éteint pour rester proche, compréhensif, aller au rythme de l'autre. Que la lumière de Dieu épouse nos obscurités par touches successives et progressives, comme les variateurs d'intensité lumineuse de nos lampes halogènes. Que nous agissions de même, pleins de délicatesse pour les autres, en nous adaptant à leur capacité de recevoir lumière et chaleur.

Sortir des sabotages

Nous avons du mal à évoluer, à être en paix et plus heureux à cause des sabotages que nous mettons en place et dans lesquels, parfois, nous excellons ! Nous faisons mine de vouloir changer, nous améliorer, (« Je vais essayer, mais ce sera difficile ») pour aussitôt user de stratagèmes inconscients qui contrecarrent nos aspirations et nous font échouer dans nos entreprises. Nous nous décourageons trop vite ; nous nous réfugions dans la passivité : « Jamais je n'y arriverai. » Nous nous persuadons que nous avons trop d'obligations familiales et que nous avons manqué de réalisme au moment où nous avons pris la décision de changer : « C'est impossible, jamais je n'aurai la possibilité ni le temps de... » Nous essayons de prouver inconsciemment que nous avons été trop blessés et que nous ne pouvons plus envisager de transformation dans notre vie : « Personne n'a autant souffert que moi... » Nous oublions nos objectifs en nous surchargeant de travail au point de ne plus avoir un moment pour y penser, ou pour faire le point. Nous nous réfugions derrière de fausses croyances : « Le bonheur se paie toujours... ; J'ai mangé mon pain blanc, maintenant il me reste le pain noir... » Nous voulons des résultats immédiats, aussi nous nous enthousiasmons rapidement, puis nous déchantons aussi vite... Nous prenons une décision, puis nous la regrettons, nous hésitons, nous revenons en arrière...

Les sabotages psychiques viennent de l'image négative que nous avons de nous-mêmes, de notre « vilain petit canard ». Lorsque nous nous voyons pour la première fois sur un écran de télévision, en famille, entre « amis » ou au cours d'un stage de formation, nous sommes gênés, nous présupposons souvent que les autres vont faire des remarques désobligeantes sur notre attitude, nos gestes, notre façon de parler. Aussi, nous prenons les devants et nous nous critiquons nous-mêmes au lieu d'avoir une attitude positive consistant à chercher ce que nous pourrions objectivement apprendre de nouveau sur nous pour nous accepter davantage et nous améliorer.

Les sabotages psychiques viennent aussi des formules dévalorisantes utilisées par les parents, les éducateurs… quand nous étions petits comme : « Tu ne réussiras pas… ; Personne ne voudra de toi… ; Personne ne pourra te supporter… »

Thierry, à 40 ans, n'avait ni travail, ni vie sentimentale. Or, son père disait, quand il était adolescent : « Tu es un bon à rien. À 40 ans tu n'auras rien fait de ta vie… » Il rapporta que, lorsqu'il courtisa pour la première fois sa voisine, le père de celle-ci dit à la jeune femme : « Thierry, mais tu n'y penses pas, c'est un bon à rien ! » Thierry attirait maintenant des réflexions conformes à ce qu'il pensait de lui et les confirmait ainsi, comme pour donner raison à son père dont il n'avait pas réussi à remettre en cause les injonctions négatives.

Roland était timoré dans son travail, ne savait pas mettre en valeur ses réussites pourtant parfois brillantes. Il admirait son père qu'il plaçait sur un piédestal. Or, celui-ci le traitait de « Pauvre nigaud, pauvre nigdouille… »

Denise, polonaise d'origine, manquait cruellement de confiance en elle. Quand elle était arrivée en France, sa mère lui avait dit : « Ne te montre pas, tu viens d'un autre pays, tu n'es qu'une servante… »

Madeleine croyait provoquer régulièrement de la souffrance autour d'elle en faisant tout échouer. Elle disait par ailleurs : « Qu'est-ce que j'ai fait au Bon Dieu pour mériter cela ? » Un jour, elle accompagna son fils dans une ville voisine où l'on affichait les résultats de l'examen très important que celui-ci venait de passer. Défaitiste, elle pensait qu'il l'avait raté. Mais, en fait, son nom était bien inscrit sur la liste des reçus. Tout aurait donc pu être pour le mieux. Cependant, la conviction de la dame qu'elle finissait toujours par tout gâcher lui fit faire, ce jour-là, un certain nombre d'actes superflus qui confirmèrent sa croyance. Elle aurait pu se contenter de se réjouir de la réussite de son fils et rentrer chez elle à une distance de quelques kilomètres. Mais l'idée lui vint soudain de téléphoner immédiatement les résultats à son mari, alors qu'elle était seulement à 10 minutes de son domicile. Il y avait là, tout près, une cabine téléphonique, mais elle ne voulut pas s'y rendre, préférant retourner précipitamment à sa voiture prendre le téléphone portable qu'elle y avait laissé au lieu de l'avoir, comme d'habitude, sur elle. En accomplissant ce détour inutile, elle se fit renverser par une moto et se retrouva à l'hôpital. Quelques jours plus tard, se rendant compte qu'elle avait répété là un scénario fréquemment joué dans sa vie, elle alla d'elle-même voir un psychologue avec l'intuition que quelque chose en elle avait encore saboté une réussite. « Comment se fait-il, dit-elle, qu'alors que tout était bien et que c'était la fête pour mon enfant, une fois de plus, j'ai réussi à tout gâcher ? »

Et que dire de cette conductrice qui, pressée d'aller rencontrer son évêque, franchit les barrières fermées d'une voie ferrée et se fit écraser par un train. Peut-on déclarer, comme certains l'ont fait, que Dieu l'a « rappelée » ?... Peut-être ne faudrait-il pas oublier qu'elle aurait pu aussi s'arrêter devant le passage à niveau...

Dans une croyance où Dieu fait tout et où nous, nous subissons, nous pouvons tout lui « mettre sur le dos ». Car, même si nous remercions la providence de ne pas avoir été blessés dans cet accident qui a fortement endommagé notre voiture, encore avons-nous à prendre conscience qu'avec plus de vigilance, moins de vitesse et plus de repos, Dieu aurait pu mieux nous protéger !

L'analyse de ces comportements qui nous font nous attirer des ennuis, faire ou dire juste le contraire de ce que nous pensons vraiment, nous trouver là où nous ne devrions pas être…, va nous permettre petit à petit de nous laisser mieux guider par la providence qui cherche à nous éviter de telles déconvenues. La petite Thérèse disait qu'un enfant ignore toutes les pierres que son père a retirées du chemin pour qu'il ne tombe pas. Ainsi, lors d'un attentat à Paris, en 1986, plusieurs personnes ont témoigné avoir échappé miraculeusement à l'explosion qui eut lieu dans un restaurant à l'heure du déjeuner. L'un n'y est justement pas allé ce jour-là, contrairement à l'ordinaire ; un autre est venu y manger exceptionnellement plus tôt et est sorti juste avant la détonation ; un troisième, qui avait rendez-vous avec ses parents à cet endroit, s'est vu les attendre une demi-heure à l'extérieur alors qu'ils étaient toujours d'une exactitude scrupuleuse et a ainsi échappé à l'attentat. Par contre, une autre personne, qui avait déjà fait douze tentatives de suicide, est allée ce jour-là, et seulement ce jour-là, dans le restaurant, juste à l'heure fatidique et a eu les deux tympans brisés, entre autres blessures graves…

N'y aurait-il pas en nous une partie intuitive, une sorte de radar, qui pourrait aider Dieu à mieux nous protéger ? Travailler sur nos fausses croyances, nos visions défaitistes, masochistes, dramatiques, va nous permettre de découvrir la vraie vie, celle des enfants de Dieu qui, en toutes choses, demandent à leur Père céleste sa guidance et sa protection.

Une autre forme de sabotage consiste à « étouffer » son être profond, à refouler ses aspirations. C'est ce qui se passe toutes les fois que nous suivons une voie qui n'est pas la nôtre. De nombreuses personnes exercent des métiers alimentaires pour lesquels elles ne sont pas faites[5]. Pendant des années, elles se sentent mal, angoissées parce qu'elles vivent un décalage entre ce qu'elles réalisent extérieurement, ce qu'on leur demande d'effectuer et ce qu'elles sont intérieurement, réellement. Souvent, elles ne réagissent pas car elles suivent le modèle qu'on leur a inculqué ; elles ont peur de ce que l'on va penser d'elles si elles empruntent un autre chemin, elles ont peur du changement. L'avenir leur semble incertain : elles croient qu'écouter leur être profond va les obliger à tout quitter, à tout abandonner et elles préfèrent le refouler.

Connaître ses sabotages et y remédier permet d'entrer dans la douceur et la lumière divines où tout est bon, où tout est bien. Dieu appelle chacun à se réaliser pleinement pour devenir, selon les paroles de Thérèse de l'Enfant-Jésus « une étoile dans le ciel parmi les autres ».

Se « déprogrammer » pour accéder à son être profond

Le climat dans lequel nous avons baigné pendant notre enfance, notre adolescence, voire plus longtemps encore, nous conditionne bien évidemment. Il imprègne toutes les fibres de notre être et fait partie de nous au même titre que n'importe quel élément de notre corps. Il façonne notre esprit, notre pensée, notre sensibilité. S'il était épanouissant, il a pu enrichir notre

---

5. Se reporter à « Accepter le changement » dans la première partie de ce livre (p. 48).

personnalité de biens précieux et nous aider à la forger harmonieusement. Mais si l'ambiance dans laquelle nous avons grandi était lourde, violente, conflictuelle…, nous risquons de chercher, malgré nous, inconsciemment, à la reproduire une fois adulte : nous n'en connaissons pas d'autres et, de ce fait, elle représente pour nous une sécurité que nous avons peur de perdre, tout changement étant perçu comme déstabilisant. Elle est comme une seconde nature. C'est ainsi que nous la reproduisons involontairement, par habitude, 20 ans, 30 ans, 40 ans plus tard.

Christine était encore une petite fille lorsque son père, qui l'avait abandonnée quelques années plus tôt, la reprit avec lui. Régulièrement, il la brûlait avec des cigarettes et la battait. Adulte, la jeune femme, qui n'avait connu que la violence, se tapait elle-même la tête contre les murs…

De la même manière, certaines personnes, qui ont toujours vécu avec un bilan de journée : 90 % de sentiments négatifs pour 10 % de positifs, vont tout mettre en œuvre pour conserver cet équilibre. Ainsi, quand leur journée a été riche et valorisante sur le plan professionnel (elles ont été motivées par leur travail, félicitées pour leurs compétences professionnelles…), ou sur le plan sentimental (elles ont été l'objet d'attentions particulières de la part de leur partenaire), avec un bilan de 90 % de positif et 10 % de négatif, elles vont inconsciemment le soir, chercher à inverser la tendance. Aussi, par exemple, vont-elles amener la conversation sur un sujet de désaccord épineux comme une promesse non tenue, le lieu des vacances, l'éducation des enfants, les beaux-parents… sachant très bien que cela peut conduire à une violente dispute. La querelle a bien lieu et se termine apparemment très mal, mais ces personnes retrouvent paradoxalement le climat qui les rassure avec 90 % de sentiments négatifs contre 10 % de positifs vite occultés.

Cela paraît a priori étonnant, voire aberrant, et pourtant cela concerne beaucoup d'entre nous. Prendre conscience de ce genre de fonctionnement, qui survient préférentiellement en fin de journée, en fin de semaine ou au moment des vacances quand on est bien fatigué, permet, petit à petit, d'anticiper le sabotage et, après tout un travail sur soi-même, de ne plus le produire. Mais cela veut dire que nous avons reconnu en nous une partie qui a pris goût au conflit, qui aime se retrouver en position de *victime / persécutrice*, qui a l'habitude d'un état de malaise et trouve qu'une relation paisible est bien mièvre. Quand on a peur de l'intimité véritable avec son conjoint ou avec les autres, intimité faite de complicité profonde, paisible et joyeuse, on préfère mettre en place un jeu psychologique dramatique, une dispute ou une bouderie, qui permet à chacun de vivre une relation particulièrement intense affectivement... « Faites l'amour, pas la guerre ! » On pourrait voir l'origine véritable de cette injonction triviale dans le fait que quelqu'un qui n'a plus peur des relations d'intimité n'a plus besoin de se remettre dans des relations de soumission, de rébellion ou de pouvoir inutiles.

Comme il est donc compliqué d'être simple ! Une caractéristique du petit saboteur qui nous habite, c'est de nous « lancer des peaux de bananes » alors que tout va bien, d'aller justement là où nous ne devrions pas aller, de dire ce que nous savons que nous ne devrions pas dire - mais nous ne pouvons nous en empêcher - et surtout, dans un tour de passe-passe particulièrement ingénieux, d'arriver à obtenir que ce qui avait bien commencé se termine mal.

Car finalement, si notre croyance est qu'en étant mal, nous attirons l'attention sur nous ; qu'il faut porter sa croix (alors que notre vie nous présente suffisamment de croix naturelles) ; que la meilleure défense, c'est l'attaque ; qu'il faut se méfier de tous et de tout ; qu'on finit toujours par se faire avoir ; que tout bonheur se paie..., nous finirons par attirer nous-mêmes ce que nous craignons ou ce que nous croyons. Comme pour l'épée de Damoclès, si cela doit nous tomber dessus un jour, autant que cela se fasse tout de suite, et nous le provoquerons nous-mêmes.

Par ailleurs, paradoxalement, nous pouvons vouloir aussi inconsciemment souffrir pour « faire payer » à nos parents leur « mauvaise éducation ». Il y a des mal êtres qui sont une façon de dire : « Regardez ce que vous avez fait de moi... », d'où une envie de ne pas guérir. « Je ne leur ferai pas ce plaisir... ; Après tout ce qu'ils m'ont fait subir... » Nous nous détruisons par vengeance et parfois même au-delà de la mort de ceux dont nous nous sommes sentis victimes, comme si nous ne voulions pas leur pardonner, comme si une partie de nous désirait qu'ils souffrent à leur tour de nous voir comme cela : « Il faut qu'ils payent... »

Ce sont toutes ces raisons, en plus de l'imitation de l'attitude de nos ancêtres (par mimétisme), qui nous font dire aujourd'hui : « C'est impossible... ; Je n'y arriverai pas... ; C'est trop tard... » et saboter tout progrès. Tout ceci entraînant chez nous de fortes culpabilités et nous enfermant dans le cercle clos du serpent enroulé sur lui-même et qui se mord la queue : « Je n'en peux plus... ; Je veux mourir. »

Il va nous falloir beaucoup de lucidité et de volonté pour nous unifier dans un désir d'aller mieux et de réussir ce que nous entreprenons. Avons-nous vraiment pris conscience de nos prisons, de nos « glus », de nos sabotages ? Avons-nous vraiment envie d'en sortir ? Avons-nous vraiment le désir que cela cesse ?

La voix de notre être profond est ténue, cristalline. Elle nous indique la direction. Souvent, nous ne la percevons pas car les voix de notre psychisme retentissent beaucoup plus fortement et nous ébranlent. Il faut du silence, du recul, une habitude de la profondeur pour l'entendre.

Se « déprogrammer » c'est se libérer, devenir soi-même et intégrer positivement le passé, en tirer les leçons pour vivre pleinement le présent sans l'assombrir ; c'est aller à la recherche de son originalité, de son innocence, en redevenant des « petits enfants » pour, comme l'a dit Jésus, franchir la porte étroite et entrer dès maintenant, intérieurement, dans le Royaume des cieux.

Chapitre 5

L'ÊTRE PROFOND

Notre psychisme a tendance à mettre des étiquettes, à catégoriser comme il a appris à le faire depuis toujours. Il compare car nous avons été soumis à la comparaison en famille, à l'école, en société… Il est souvent dans des rapports de force, dans des relations *gagnant / perdant*. Il est le point de départ de la critique : nous nous sentons en position de faiblesse, d'autodestruction, nous nous dévalorisons (–/+)[1], alors nous avons tendance à abaisser les autres par besoin de les mettre au même niveau que celui que nous croyons avoir (–/–). Nous pouvons, au contraire, surcompenser nos prétendues insuffisances en affichant nos connaissances, en cherchant à séduire ou à éblouir les

1. Le premier signe indique l'appréciation de soi. Le second celle d'autrui.

autres (+/–). Or, les plus grands savants sont humbles comme les saints ou ceux qui leur ressemblent.

Nous entendons souvent, des réflexions du genre : « Ce n'est pas bien intéressant ce que je vous dis... » ou « Je me rends compte que ma blessure est extrêmement secondaire par rapport aux souffrances des autres... » C'est oublier que chacun est original et spécifique. Dieu nous aime personnellement, inconditionnellement et totalement !

Le fait d'être en adéquation avec la petite poupée russe centrale rend vaine toute compétition, toute jalousie, toute comparaison : à cet endroit profond de nous-mêmes, nous désirons ardemment l'harmonie, nous cherchons la complémentarité avec les autres, chacun ayant sa partition à jouer, chacun remplissant pleinement sa place de pièce unique dans le grand puzzle de l'humanité.

En étant en accord avec nous-mêmes, avec notre être profond, nous libérons la vie, l'énergie qui nous habitent et nous devenons vraiment féconds.

Renaître

Nous regardons trop souvent la « boue » de notre vie alors que Dieu voit l'or qui y est caché. Il nous le rappelle avec un tendre amour. Nous nous fixons sur le négatif de la photo alors que Dieu fait resurgir la lumière qui est entrée en nous au départ de notre existence. Cette lumière, il nous la redonne à chaque instant, en nous aidant à transformer ce que nous considérons comme négatif en positif.

Dieu est le révélateur. Il nous fait prendre conscience de la lumière qui est dans nos cœurs. Il nous dévoile l'aspect positif et libérateur qui provient de nos expériences difficiles, de nos blessures, de nos douleurs. Il nous conduit à devenir, à notre tour, des révélateurs les uns pour les autres. Il nous aide à renaître, à mettre à jour l'enfant de lumière qui habite tout au fond de nous. Le bonheur n'est-il pas de découvrir notre richesse intérieure et de la manifester ?

Au fur et à mesure des années, des difficultés que nous avons traversées, nous nous sommes entourés d'une muraille afin de protéger notre vulnérabilité profonde. Notre paraître, notre *look*, notre psychisme, nos blindages sont autant de carapaces dissimulant notre enfant intérieur au point que nous pouvons en ignorer l'existence. Lorsque nous sommes dans la couche extérieure de notre personnalité, dans notre paraître, nous nous cachons derrière des masques : nous sommes cet enfant maquillé qui cherche à se faire accepter. Juste en dessous, dans la couche suivante, se situe notre enfant blessé, en manque d'amour, qui demande avec maladresse, profère des jugements, manipule, joue à des jeux destructeurs, fait des reproches dans l'espoir de s'entendre dire qu'il est aimé, qu'il compte beaucoup… Tout au fond de nous, recroquevillé, se blottit notre enfant de lumière. Il a besoin d'être appelé à la vie, de se déployer. Il est notre colonne vertébrale, notre axe. En lui résident toutes nos qualités, nos dons, ceux que nous ne connaissons pas, ceux que nous avons perdus ou détournés…

Notre destinée est de devenir de plus en plus adultes vis-à-vis des hommes et petits enfants à l'égard de Dieu, grandissant en sa présence. Saint Antoine, qui est représenté avec un enfant dans les bras, semble indiquer, en dehors de la signification historique et mystique, cette double nature unifiée.

Alors que, fatigués de nos ratages et ennuis de toutes sortes, nous souhaitons vivement que cela change, et que nous nous tournons vers Dieu, commence à apparaître en nous un état nouveau : un petit enfant intérieur. Nous sentons un frémissement, nous devinons que quelque chose de nouveau va se produire.

Renaître c'est avant tout une sensation : quelque chose bouge dans notre corps. C'est comme une grossesse : un état inconnu, embryonnaire se développe peu à peu. Ainsi hommes et femmes peuvent-ils tous faire une expérience de la maternité, en sentant leur enfant de lumière grandir en eux jusqu'à une véritable *naissance-renaissance*.

Petit à petit, nous changeons. Nous prenons soin de ce « fœtus », puis de ce nouveau-né, et nous modifions nos habitudes : nous adoptons une autre marche (au rythme de ses petits pas), une nouvelle hygiène alimentaire… Des désirs nouveaux surgissent, notamment ceux que nous avions refoulés sous prétexte qu'ils n'avaient pas d'importance. C'est la vie de Dieu qui jaillit en nous. Cette renaissance passe par différentes phases. Notre enfant de lumière apparaît progressivement. Il faut du temps pour le consolider et pour qu'il s'épanouisse, pour qu'il voie vraiment le jour, et parfois des années pour que nous le reconnaissions tout à fait et qu'il prenne toute sa place. Il est innocence, sagesse, créativité, émerveillement, gratuité.

À l'instar de nos parents qui nous ont donné un prénom au moment de notre naissance, nous pouvons trouver un nom à notre enfant de lumière. C'est une nouvelle dimension de nous-mêmes qui était enfouie : l'enfant de Dieu disparaissait derrière l'enfant biologique, son hérédité, ses déterminismes psychologiques, ses scénarios. Avec notre enfant de lumière s'ébauche progressivement une autre image de nous-mêmes. Nous ne sommes pas seulement cet homme ou cette femme que nous voyons dans le miroir, avec ses rides, les marques du temps, ses habitudes…, mais nous sommes également ce petit garçon, cette petite fille frais, légers, éclatant de joie, baignant dans la confiance, dans la vie jaillissante de Dieu. Derrière notre enveloppe charnelle se trouve notre enfant intérieur : Emmanuel, Claire, Aurore… qui grandissent, tout en restant toujours jeunes et innocents. Progressivement, nous les distinguons de mieux en mieux, comme en filigrane, quand nous nous regardons dans la glace, quand nous pensons à notre vraie identité.

Nous reconnaissons notre enfant de lumière lorsque nous avons les larmes aux yeux devant la beauté d'un paysage, une image poétique, un acte de générosité…, mais aussi le chant cristallin d'un enfant, un(e) adolescent(e), ou d'une chorale : en les entendant, quelque chose de très pur résonne en nous.

Notre renaissance nous permet de retrouver des valeurs essentielles qui sont celles de notre profondeur. Pour y parvenir, pour entrer dans la vulnérabilité et l'esprit d'enfance, nous allons vivre chaque instant avec Dieu, nous allons sentir l'action de la providence. Dieu ne peut rien contre la volonté psychologique ou spirituelle d'un homme qui Le refuse. Il devient par contre très puissant chez celui qui apprend à tout faire avec Lui, dans son temps.

Avec la naissance de notre enfant de lumière, nous apprenons à tout voir autrement. Son regard ruisselle de l'or de la sainteté de Dieu. Ainsi, éprouvons-nous un sentiment de reconnaissance envers nos éducateurs (même s'ils ont évidemment commis des erreurs), envers ceux qui ont fabriqué les meubles ou les outils dont nous nous servons, ceux qui vident les poubelles, qui s'occupent de la nature... Quand nous nous asseyons sur une chaise, quand nous utilisons un crayon, l'enfant de lumière en nous remercie et bénit tous ceux qui ont contribué, de près ou de loin, à leur fabrication. Nous sommes pleins de gratitude pour chacun et nous nous unissons à tous ceux qui, au même moment, font les mêmes gestes que nous : cuisiner, poster une lettre, travailler, s'occuper des enfants... Nous voyons ce qui est beau, bien, vrai. Nos yeux se sont ouverts, le voile de la cécité s'est levé, nous quittons les errances du passé, nos prisons : nous savons, désormais, combien nous étions désorientés, vides, sans but dans une vie sans lumière. Nous prenons conscience de l'amour infini, total, inconditionnel qui habite en nous, de l'amour comblant de Dieu. Rien ne sera jamais plus comme avant. Notre enfant de lumière baigne dans cette source où coule l'amour divin, au fond de nous, et il s'y désaltère. Nous qui nous sommes si souvent blindés, qui avons construit des carapaces, qui nous sommes durcis, nous accédons à la source de l'amour qui transforme tout. En nous sentant aimés, nous pouvons, à notre tour, répandre la chaleur, la lumière et la tendresse autour de nous.

Découvrir son enfant de lumière

L'enfant de lumière palpite au cœur de chacun de nous. Son langage est celui de notre sensibilité profonde, de nos vraies aspirations, de nos goûts réels, de notre axe véritable. En l'écoutant, nous comprendrons qui nous sommes vraiment.

Sa voix est petite, ténue. Mais en y prêtant de plus en plus attention, nous l'aiderons à se fortifier. Il grandira, fera le tri dans le psychisme, et ne gardera que les composantes de la personnalité qui le serviront et l'enrichiront. Pour ce faire, il aura un étalon : l'amour et la sagesse de Dieu, la guidance de l'Esprit Saint. Il revitalisera et régénérera le corps physique pour devenir de plus en plus une petite trinité : Trois (corps, âme, esprit) en un. Ce que l'enfant de lumière reçoit de Dieu équilibrera le psychisme, l'harmonisera et se traduira en action bénéfique au niveau du corps physique. Le corps et le psychisme deviendront de plus en plus transparents à l'action de l'enfant de lumière qui les unifiera.

Comment découvrir notre enfant de lumière ?[2]

À travers tout ce qui nous touche, nous bouleverse : un paysage, une cause humanitaire, une mère de famille accomplissant sa tâche avec amour…, la vie d'un saint, le dévouement de Mère Teresa… Notre enfant de lumière s'exprime à travers tout ce qui nous émeut, suscite des pleurs, non pas des larmes d'insatisfaction, de rage ou de complaisance pour nous-mêmes, mais de véritables larmes[3] qui nous ébranlent totalement parce que nous sommes touchés dans nos racines, dans la partie la plus intime de notre cœur.

Notre enfant de lumière se trouve à la source de tout ce qui nous émerveille, nous donne un sentiment de joie profonde, de plénitude : le sourire d'un enfant,

---

2. Yves Boulvin, *Renaître,* Nouan-le-Fuzelier, Éditions des Béatitudes, 2004.

3. Anselm Grün, *Prière et Connaissance de soi,* Paris, Médiaspaul, 1996.

l'harmonie d'un visage, la musique, un coucher de soleil qui embrase le ciel, un témoignage, un poème, une prière… Redevenir enfant de Dieu change notre regard et nous amène à tout voir d'une autre façon à l'image de cette fillette qui poussait des cris de joie devant une simple limace ou de ce petit garçon très pauvre qui, n'ayant pas de jouets, s'amusait pendant des heures avec une seule carte à jouer : il était beaucoup plus heureux que ses camarades apparemment mieux nantis. Notre enfant de lumière rouvre nos cœurs et se manifeste lorsque nous sommes éblouis par un petit caillou aux nuances tendres, par un ver luisant, quelques gouttes de rosée, la délicatesse et les multiples coloris des fleurs au printemps, les feuilles rousses à l'automne quand elles donnent tout leur éclat final, la danse des arbres pendant l'hiver avec leurs bourgeons qui se préparent, le chant des oiseaux, la grâce d'une biche, la vulnérabilité d'un faon, d'une colombe, d'un agneau…

Notre enfant de lumière s'identifie à travers tout ce qui nous ressource, nous régénère, fait jaillir la vie en nous. Un jeune homme se promenait en voiture en Scandinavie. Soudain, il aperçut un lac en contrebas de la route, au milieu des bois. Il faisait beau. Il alla se baigner. Une fois dans l'eau, il fit la planche. Il ressentit alors un bien-être total. Quelque chose venait de s'ouvrir en lui : ce fut le début de sa rencontre avec Dieu ! Aujourd'hui, il est un des piliers de ce que l'on appelle, dans les églises, le Renouveau charismatique.

Nous avons tous eu des moments, dans notre vie, où nous avons éprouvé un amour plein, une joie intense, une paix totale. Pour les uns, c'était à l'instant où les doigts clairs du jour déchirent le voile noir de la nuit. Pour d'autres, ce fut en présence d'un nourrisson :

lorsque nous tenons un bébé dans les bras, une sensibilité extrême, un amour total nous relie à lui dans un même abandon, une même communion de cœur.

Notre enfant de lumière se manifeste à travers nos rêves, nos idéaux : « Plus tard, je serai médecin, comédien, danseur étoile, artiste peintre, violoniste… » Souvent, des proches ont découragé de telles aspirations : « Tu n'y penses pas… ; ce n'est pas un métier… ; jamais tu ne gagneras ta vie en… » Ainsi, peu à peu nous avons occulté nos rêves et nous avons opté pour un métier alimentaire selon le modèle inculqué. Mais les idéaux refoulés, qui vivaient engourdis au fond de notre être, remontent un jour à la surface. Ils rejaillissent comme une source d'eau que l'on aurait voulu comprimer. C'est alors le moment de nous demander si nous voulons et comment nous pouvons les réaliser enfin en apprenant, adultes, à jouer de la musique, à peindre, à chanter… ou encore en modifiant notre trajectoire professionnelle…

Nous rencontrons notre enfant de lumière à travers ce qui nous a fait le plus mal, là où se situe notre plus grande vulnérabilité, mais aussi nos dons. Certains souffrent parce que le métier qu'ils exercent ne correspond pas à ce qu'ils sont vraiment. Ils passent par des périodes de chômage, d'arrêts de travail parce qu'ils ne se sentent pas à leur place. La découverte de leur vraie voie, et Dieu les aidera à le faire, les remplira de joie. D'autres connaissent des fractures affectives et réussissent leur vie sentimentale tardivement après bien des errances, des erreurs dont ils ont su tirer la leçon. D'autres encore sont blessés par les injustices sociales, raciales, par la condition animale… avant de trouver leur voie. Toutes ces révoltes sont le miroir des idéaux qu'ils portent au plus profond.

Dieu propose à chacun de retrouver les aspirations profondes qui ont été contrariées. Celui qui a touché son être profond a souvent vécu des phases d'insatisfaction où il avait l'impression de ne pas appartenir à ce monde. Il a ressenti la même déception que le petit enfant qui, aspirant à un amour total, à une pureté que rien ne vient ternir, réalise que l'univers des adultes est aussi fait de mensonges. Entrer dans son être profond, c'est rechoisir consciemment une innocence intérieure, celle de ce petit enfant joyeux, pleinement satisfait car il se sait aimé de Dieu. Ce petit enfant, qui avait été orphelin, abandonné, rejeté va vivre maintenant un grand amour. Notre diamant intérieur, le cadeau de Dieu peut, en effet, se trouver là où nous avons le plus désespéré : un père a envie de combler son enfant là où il a été le plus malheureux. Là où nous avons le plus souffert se trouvent nos dons. Là où nous avons le plus souffert, nous sommes appelés à la plus grande réalisation, à la béatitude[4].

Notre enfant de lumière s'exprime beaucoup à travers ce que nous admirons chez les autres. Ce qui nous attire le plus chez eux est au moins à l'état potentiel en nous.

Écrivons le nom de trois ou quatre personnes, proches ou éloignées, connues ou inconnues, vivantes ou décédées, réelles ou imaginaires… qui ont suscité notre admiration. Puis précisons, de la façon la plus détaillée possible, ce qu'en elles nous avons trouvé d'admirable.

Les critères suivants nous aideront à comprendre ce que nous portons dans notre profondeur. S'agit-il

---

4. Yves Boulvin, Anne Villemin, *Choisis la Vie*, Nouan-le-Fuzelier, Éditions des Béatitudes, 2001.

d'hommes ou de femmes ? Ces personnes appartiennent-elles toutes à un domaine d'activité identique (sportif, artistique, scientifique, religieux...) ? Au contraire, les réponses sont-elles panachées ? Quelles qualités ont été retenues ? Réapparaissent-elles plusieurs fois ? Quels dons sont les plus importants ? Quels ont été les premiers nommés ?

Tous les talents ainsi énumérés existent potentiellement en nous. Celui qui retient, par exemple, la douceur, la tendresse, le courage, la persévérance, la faculté d'adaptation, la force morale, la droiture... possède ces vertus dans sa profondeur, même si certaines lui semblent, pour l'instant, étrangères. Ce sont les qualités, connues ou inconnues, de son enfant de lumière.

Nous découvrons notre enfant de lumière à travers les défauts que nous nous reprochons le plus. Si nous nous en voulons de ne pas donner assez d'argent aux personnes dans le besoin, non pas par culpabilité (parce que « c'est mal »), mais parce que quelque chose en nous aimerait pouvoir le faire ; si nous regrettons amèrement d'avoir menti... ; tout cela indique qu'il y a, au fond de notre être, le goût de la générosité, de la vérité.

Ce sont souvent les peurs qui constituent l'obstacle le plus important à l'expression des qualités et des dispositions que nous avons. C'est le cas, par exemple, de ceux qui refusent catégoriquement de donner de l'argent dans la rue ou d'en verser à des œuvres parce qu'ils craignent de « se faire avoir ». Ils rejettent ainsi tout vrai discernement, se méfiant excessivement de la façon dont l'argent sera utilisé à cause d'abus qu'on leur a rapportés ou des malversations qui ont fait la une de la presse... En donnant, certains ont aussi peur de se démunir et de manquer d'argent dans l'avenir: « Vous savez, avec mon petit salaire, ma maigre retraite... »

Nous reconnaissons encore notre enfant de lumière dans tout ce qui nous est naturel de faire, tout ce qui nous est simple d'accomplir et que nous sentons positif pour nous comme pour les autres: travailler manuellement, communiquer, former les autres, aider les handicapés, visiter les prisonniers, soigner, dessiner, écrire, organiser...

Nous faisons vivre notre enfant de lumière quand nous nous sentons le plus nous-mêmes, le plus fidèles à ce que nous sommes vraiment. Déjà, les jouets de notre enfance étaient le miroir de nos talents. La préférence pour les « Lego » ou tout autre jeu de construction semble indiquer des aptitudes de technicien, d'ingénieur, d'architecte... L'attrait pour les poupées chez les garçons se retrouve chez les futurs soignants ou chez ceux qui se tourneront vers les métiers privilégiant l'aspect humain. Le plaisir de rouler en trottinette ou en *skate-board* se retrouve chez ceux qui auront besoin de bouger, de voyager...

Un homme s'intéressait particulièrement, quand il était petit, aux jouets qui produisaient de la lumière. Adulte, il exerça la profession d'électricien. Plus tard, après avoir vécu des moments très difficiles, il devint pasteur pour apporter aux autres la lumière qu'il avait lui-même découverte.

Une fillette qui se déguisait en infirmière, une autre qui aimait masser et être massée, devinrent respectivement médecin et kinésithérapeute.

Un petit garçon, qui avait demandé à Noël un téléphone « comme papa et maman », après avoir été standardiste pendant un certain temps, pratiqua plus tard la vente par téléphone avant de choisir définitivement un métier dans la communication et les relations humaines tout en écoutant « la petite voix de Dieu ».

Notre enfant de lumière se reconnaît à ce dont nous avons le plus besoin pour être heureux, nous sentir mieux, avancer : un compagnon, une compagne, de la légèreté, de la compréhension, de la liberté, de l'indépendance... ; un endroit de silence, de paix intérieure... ; des massages, de la musique, de la relaxation... ; un lieu de parole ou d'écoute, une meilleure hygiène de vie, un accompagnement spirituel...

Notre enfant de lumière se donne à lire à travers ce que nous souhaiterions vivre au Ciel, ou dès maintenant, s'il n'y avait aucune contrainte, si tout était possible. Qu'est-ce qui nous donnerait le sentiment de nous ouvrir à notre pleine mesure ?

Quand nous regardons notre vie et que nous cherchons un fil conducteur, quel est-il ? Quel est notre axe profond ? Qu'est-ce qui fait la trame de notre vie ? Quelle recherche, quel désir, quelle aspiration ? Qu'avons-nous aimé par-dessus tout ? Quelle action nous donne un sentiment de plénitude ? Dans quoi nous sentons-nous véritablement nous-mêmes ? Qu'est-ce qui nous a fait repartir, rebondir après une épreuve ou un deuil ? Qu'est-ce qui nous a guidés dans les choix les plus importants de notre vie ? Et aujourd'hui, qu'est-ce qui en nous remue, a envie de vivre et que nous refoulons encore en nous disant : « Je n'y arriverai jamais, ce n'est pas possible, c'est trop tard. »

Si maintenant nous rentrions vraiment dans la liberté des enfants de Dieu et si nous organisions notre vie d'après ce qui nous habite en profondeur, que serions-nous et ferions-nous qui nous corresponde vraiment ?

Découvrir notre enfant de lumière, c'est faire jaillir en nous, de façon originale et spécifique, le don de Dieu, c'est prendre notre place, rien que notre place, mais toute notre place dans le monde, c'est nous sentir bien et en accord avec nous-mêmes, retrouver le goût de vivre, libérer la force positive qui nous habite.

Qui d'entre nous prend chaque jour, ne fût-ce qu'un quart d'heure pour se ressentir, se visualiser enfant de Dieu, non pas comme on se voit dans le miroir, à l'envers et déformé, avec un regard critique et accusateur, mais en vérité, en profondeur, tel que Dieu nous a créés ? Si nous nous regardions tous quelques minutes par jour comme un enfant lumineux, rayonnant, heureux, rempli d'amour, nous accoucherions d'une partie de nous-mêmes, enfouie, dont bien souvent nous ignorons l'existence.

« Je suis un enfant de lumière, traversé par l'amour de Dieu, rempli de paix, de joie et d'amour et je fais du bien autour de moi. » Répéter cette phrase nous révélerait progressivement le petit prince, la petite princesse qui nous habite, le cygne au-delà du « vilain petit canard ».

L'enfant de lumière en nous voit les qualités des autres comme il reconnaît simplement les siennes. Il comprend qu'un regard de lumière redresse, réconforte, fait repartir plus positivement. C'est de cela dont parle saint François d'Assise dans cette magnifique prière qui lui est attribuée :

Dans le silence de ce jour naissant,
Je viens te demander la paix, la sagesse, la force.
Je veux regarder aujourd'hui le monde
Avec des yeux remplis d'amour,
Être patient, compréhensif, doux et sage,
Voir au-delà des apparences
Tes enfants, comme tu les vois toi-même,
Et ainsi ne voir que le bien en chacun.
Ferme mes oreilles à toute calomnie,
Garde ma langue de toute malveillance,
Que seules les pensées qui bénissent
Demeurent en mon esprit.
Que je sois si bienveillant et si joyeux
Que tous ceux qui m'approchent sentent ta présence.
Revêts-moi de ta beauté, Seigneur,
Et qu'au long de ce jour, je te révèle.

TROISIÈME PARTIE

Rebondir

Notre *enfant de lumière* nous permet de voir et de transformer en positif ce que notre « vieil homme » aurait appréhendé en négatif.

Chapitre 6

UNE NOUVELLE PÉDAGOGIE

Pour rentrer dans la liberté des enfants de Dieu, nous avons à organiser notre vie autour de ce qui nous habite en profondeur, nous correspond vraiment, donne du sens à notre existence, nous rend heureux et nous permet de nous ouvrir pleinement. Comment y parvenir ?

Sortir du vagabondage mental

Le fait de ne pas savoir arrêter notre pensée, de la laisser s'emballer, parler toute seule, à tort et à travers, ce vagabondage mental, ce verbiage psychique représente un réel danger pour notre équilibre psychologique comme pour notre santé physique.

Le vagabondage mental met en marche des scénarios catastrophes : le viol de notre fille, la maladie d'un parent, un accident survenant à telle ou telle personne proche… Ces scénarios sont l'expression de nos peurs profondes, souvent héréditaires, liées à un événement qui s'est produit dans notre famille par le passé, ou qui nous a traumatisés personnellement. Il est de notre responsabilité d'évacuer ces idées qui assaillent notre esprit, d'appeler avec confiance la protection divine. Si nous n'arrêtons pas la valse incessante de nos pensées, elles nous absorberont, nous « boufferont » comme l'ogre qui dévore le petit Poucet, comme le loup qui mange l'agneau, le petit Chaperon Rouge…, ou encore notre petit enfant intérieur. En étant dans la crainte nous gênons l'action de la providence.

Stop au vagabondage mental, aux tourbillons de pensées ! STOP !

Pour cela, il est fondamental de transformer ces scénarios catastrophes en pensées positives. Au lieu de répéter, dans notre esprit, des scènes imaginaires angoissantes, nous pourrions nous dire : « Le Seigneur protège parfaitement mes enfants, partout et en toutes circonstances. Dieu bénit notre famille et nous protège tous. »

Dieu nous aide à revenir à la réalité, à vivre notre vie plutôt que la rêver ou la « cauchemarder ». Certes, dans l'existence de chacun il y aura des deuils, des séparations douloureuses… qui peuvent survenir quand nous ne nous y attendons pas. Nous avons à assimiler ces événements, à nous préparer à leur éventualité, et à apprendre à mobiliser les ressources qui sont en nous pour surmonter ces épreuves, les voir autrement, avoir une autre réaction à leur égard…

Le vagabondage mental est épuisant pour nous comme pour ceux qui nous entourent et qui nous le reprochent : « Tu penses trop… ; tu ne penses qu'à cela… ; tu es obsédé par… » Il est à l'origine de fixations, d'obsessions, de ruminations... C'est de l'énergie perdue. STOP ! Ça suffit !

Certes, il n'est pas toujours facile de mettre un terme à ces diverses ruminations qui accaparent notre esprit. Commençons par nous fixer des limites horaires : chaque soir, par exemple, quand nous arrêterons de travailler, nous nous « débrancherons », nous ne penserons plus à nos soucis. Car nous avons observé que lorsque nous ne le faisons pas, nous n'arrivons pas à arrêter le flot de nos pensées, nous dormons mal la nuit, et tout cela sans aucune efficacité. Nous noterons alors brièvement ce qui nous préoccupe sur un papier ou dans notre agenda, et nous remettrons les problèmes à régler au lendemain. Nous nous fixerons des rendez-vous avec nous-mêmes pour les traiter, à « tête reposée », quand nous aurons les idées plus claires. Petit à petit, nous instaurerons dans la journée des temps où nous ferons le vide. Ces moments de « gestation » sont très importants : les plus grandes découvertes ont souvent lieu grâce à une illumination, une intuition qui suit un temps de lâcher prise, d'incubation où le chercheur « oublie » le problème à résoudre.

Tout cela demande un entraînement quotidien pour arriver à « déconnecter » aussitôt que nous en ressentons le besoin. La paix intérieure est à ce prix !

En finir avec les reproches

Nous sommes tous, sans exception, pécheurs, limités et imparfaits. Si les reproches qui nous sont adressés ou que nous adressons aux autres jouent parfois un rôle de stimulant pour avancer et progresser sur la voie de la guérison, le plus souvent ces remarques provoquent en nous des réactions négatives. Des études sur les types de personnalités psychologiques ont montré que moins de 20% des personnes interrogées peuvent supporter une phrase formulée totalement négativement et y réagir positivement. Par ailleurs, beaucoup de reproches correspondent plus à une aigreur ou à un défoulement qu'à une vraie volonté de faire avancer les choses.

Devant une remarque brutale et autoritaire, les personnes « sensibles » ne se sentent pas aimées, pas comprises et perdent tous leurs moyens. Les personnes que l'on appelle « stoïques » se bloquent, se braquent et n'adressent plus la parole à celui ou celle qui leur a fait une remontrance. Les personnes dites « réactives » ou « rebelles » n'attendent que cela pour contrer et déclencher les hostilités. Enfin, les « persévérants »[1] feront la morale ou rentreront dans de longues justifications. Rares sont donc ceux qui sont capables de faire le tri dans ce qui a été dit, dans la façon dont cela a été exprimé et qui peuvent en tirer un bien.

Une remarque critique passe beaucoup mieux quand :

– elle est faite en privé et non devant les autres ;

– elle n'attaque pas l'être ;

– elle est exprimée en terme de « je » et sur un fait précis, identifiable, et non pas avec un « tu » accusateur et une généralité dramatisante et négative : « Je ne suis pas d'accord que tu frappes ta petite sœur comme tu viens de le faire. Je n'ai pas envie que cela se répète… » et non pas : « Décidément, tu es toujours aussi méchant… » ;

---

1. Michel Walter, *Votre Personnalité de Manager*, Paris, Éditions d'Organisation, 1988.

– elle énonce les faits sans jugement, sans culpabilisation ni culpabilité. Lors du sacrement de réconciliation, un prêtre invitait les personnes à énoncer simplement les faits: « Hier, à 17 h, j'ai giflé mon petit garçon… ; j'ai pensé à un autre homme… » plutôt que: « Je suis une mauvaise mère… ; une mauvaise épouse… » phrases qui, sous le vernis de la vérité, condamnent ;

– elle a lieu sans trop différer, sur le vif ou, la nuit portant conseil, dans les quelques jours qui suivent ;

– elle n'est pas l'occasion de se « défouler », de se « soulager » au détriment de l'autre ;

– elle présente le fait comme un problème à résoudre et cherche ou propose des solutions: « Je sais qu'il y a des moments où tu es plein d'énergie, mais taper ta petite sœur n'est pas une bonne façon de t'en servir. Cela lui fait mal et tu vas te faire gronder. Comment pourrais-tu mieux utiliser ton dynamisme et ta créativité ? »

La remarque critique est par ailleurs bien mieux acceptée quand ensuite:

– on valorise tous les progrès, on encourage. Si l'on dit: « Bravo, continue… ! » à une personne qui, ayant décidé d'arrêter de fumer, ne consomme plus, au bout d'une semaine, que 30 cigarettes par jour au lieu des deux paquets habituels (10 de moins), cette phrase est évidemment bien plus motivante qu'une phrase du type: « Tu ne tiens jamais tes décisions… ; Je savais qu'on ne pouvait pas te faire confiance… » ;

– on ne revient pas sur le passé, on ne pratique pas la politique du « réchauffé » du type: « C'est vrai, tu ne fumes plus depuis deux ans, mais tu m'as intoxiqué(e) pendant des années avec ton tabagisme… »

La façon de dire les choses est au moins aussi importante que ce que l'on dit.

La pédagogie du plus-moins-plus

Nous avons tous entendu des critiques de la part de nos éducateurs: « Tu es égoïste... ; tu es insupportable... » Elles restent longtemps gravées en nous. Les remontrances en public sont encore plus blessantes. Qui n'a pas encore sur le cœur le poids d'une réflexion vexante d'un enseignant devant tous les camarades de sa classe ?

Ces paroles dévalorisantes, trop négatives, laissent des traces dans l'inconscient de l'enfant qui les a entendues. Elles sont à l'origine de nombreux conflits, surtout si elles sont prononcées en dehors de sa présence, « dans son dos ». Une critique positive, formulée de cette manière: « Je ne veux pas que tu cries si fort » n'a pas les effets destructeurs de la remarque « Tu es odieux ». Ainsi, toute critique doit-elle être présentée positivement, après que l'on ait su valoriser le potentiel et les capacités de progrès de l'autre. Prenons le cas d'une secrétaire qui, en faisant la saisie de deux pages, laisse passer deux fautes d'orthographe. Si son supérieur réagit en lui disant: « Bravo, vous avez fait très vite, merci. Pourriez-vous mettre un "s" à tel mot et une virgule à telle ligne... », la remarque passera très bien parce que le travail a d'abord été reconnu et valorisé. En revanche, si elle a affaire à un patron pointilleux, perfectionniste, qui d'un ton sec relève la moindre faute, rien que les fautes: « Il manque un "s" à... et une virgule après... », cette secrétaire *sensible* ne se sentant pas aimée, fera encore plus d'erreurs au prochain travail qu'elle aura à accomplir, tellement elle aura peur de se tromper et d'être critiquée. Si elle est *rebelle*, elle trouvera la situation injuste et se révoltera. Si elle est *stoïque*, elle risque de se braquer, de se bloquer. Ainsi, lors d'une critique, le *Parent nourricier* qui valorise, protège, doit équilibrer et adoucir le *Parent normatif* qui a tendance à ne voir et ne mettre en relief que ce qui ne va pas.

Dieu agit toujours avec pédagogie et amour, et sa pédagogie est positive. Celui qui nous habite profondément connaît mieux que quiconque le fonctionnement de notre corps et de notre psychisme. Il sait combien toutes nos pensées négatives, nos dramatisations sont des ennemis pour notre santé physique, psychique et mentale. Voilà pourquoi, quand il nous parle, il le fait de façon constructive et vivifiante.

Nous pouvons apprendre à reconnaître la voix de Dieu. Contrairement aux voix psychiques qui nous habitent, nous parlent fort, nous accusent, nous font peur, la voix du Seigneur est douce, lumineuse et claire ; elle ne s'impose pas. Dieu n'habite pas l'ouragan ou le tremblement de terre, mais passe dans le silence ténu, le murmure de la brise légère[2]. Dieu ne s'adresse pas à nous de façon culpabilisante, ce qui pourrait nous décourager, provoquer chez nous une réaction de repli et nous faire perdre goût à la vie, même si, dans des cas exceptionnels où nous nous sommes tellement éloignés de lui, il va, avec plus de force, mettre un coup d'arrêt et faire émerger à notre conscience une nouvelle vision. Sa voix sera alors plus nette, voire tranchante, mais jamais accusatrice.

Dieu va toujours garder en nous une petite lumière allumée pour nous faire voir, avec douceur et clarté, ce qui nous encombre, les sabotages qu'inconsciemment nous mettons en œuvre et qui nous empêchent de participer à la vraie joie qu'il veut nous donner.

---

2. 1 Rois 19, 11-12.

La pédagogie « plus-moins-plus » (1er + ; 2e – ; 3e +) se retrouve dans la façon dont nous sommes invités (même si c'est largement du paraître) à écrire nos lettres. Selon les règles du savoir-vivre, il faut commencer par « Cher Monsieur, Chère Madame, » (+) et terminer la correspondance par une formule de politesse (+). Ce qui est le plus délicat à dire (–) se trouvera au milieu, dans le corps du texte.

Dans les entreprises, lors de l'entretien annuel d'évaluation que chaque employé doit ou devrait avoir avec son chef de service pour faire le bilan de l'année et se fixer des objectifs à atteindre pour l'année suivante, les formateurs invitent le responsable à soigner l'accueil (+), puis à relever les réussites (+) avant d'analyser les difficultés rencontrées et les « échecs » (–). Cette analyse devant aboutir à la définition de points de progrès, d'améliorations (+) et d'un suivi pour que cela aboutisse (+).

Cette pédagogie (+/–/+) peut être appliquée chaque soir quand nous ferons le bilan des réussites et des progrès de la journée (+), où nous analyserons ce qui s'est plus mal passé (–), non pas pour se le reprocher ou le regretter inutilement, mais pour en tirer des leçons pour l'avenir et corriger nos actes (+).

La Semaine sainte, modèle de la pédagogie divine, est d'ailleurs structurée de cette façon : le dimanche des Rameaux, Jésus entre triomphalement à Jérusalem (+). Il est acclamé, puis le dimanche de Pâques il ressuscite et c'est le triomphe de la Vie sur la mort (+). Entre ces deux pôles de lumière, il connaît sa Passion (–). Mais la Passion est elle-même la victoire de l'Amour (+) : la souffrance infinie, l'abandon total que Jésus a accepté de vivre pour rejoindre tous les hommes, quoi qu'ils aient vécu, quoi qu'ils vivent, quoi qu'ils vivront. C'est l'amour et seulement l'amour qui a mis Jésus en croix. En lui, il ne s'est trouvé aucun mal, aucune négativité. Tout le mal de l'humanité s'est engouffré sur la croix et n'y ayant trouvé aucune résonance, a été dissout à jamais. Seule la pureté totale de Jésus pouvait tout engloutir. La Semaine sainte est en vérité la victoire du bien et de la pureté originelle sur tout ce qui empêche l'homme d'être pleinement lui-même et réellement heureux.

« Plus-moins-plus », c'est ainsi que Dieu nous parle. Voilà pourquoi, face à celui qui nous agresse, nous allons d'abord chercher à comprendre ce qui le motive. Nous allons aussi reformuler ses reproches pour être sûr de les avoir bien compris et pour en faire le tri. Si, par exemple, il émet des doutes sur nos capacités intellectuelles, nous n'allons pas tout de suite réagir du « tac au tac », nous allons écouter (ouverture), poser des questions : « Que veux-tu dire exactement ? À quoi fais-tu allusion ? » (dialogue) avant de nous positionner positivement (décision) avec fermeté *(Parent normatif)*, compréhension *(Parent nourricier)* ou humour *(Enfant créateur* ou *spontané)*. Mais nous ne combattrons plus directement le mal par le mal : « J'ai compris très tôt qu'il fallait non pas agresser l'agresseur mais comprendre pourquoi il agit de la sorte » écrit Boris Cyrulnik, psychiatre qui, enfant juif, a frôlé la déportation où sont morts ses parents.

Si nous adoptons cette attitude vis-à-vis des autres, c'est que, grâce à l'amour de Dieu, nous avons d'abord appris à nous aimer nous-mêmes : nous ne nous identifions plus à notre « vilain petit canard » intérieur, nous ne nous complaisons plus dans le reproche incessant de nos fautes et de nos imperfections, nous respectons qui nous sommes dans la profondeur et nous découvrons, avec reconnaissance, nos ressources, nos dons et nos talents.

Se dire des phrases positives

Bien des personnes croient que tout événement heureux sera forcément suivi d'un malheur : « Tout se paie un jour... ; C'est trop beau pour être vrai... ; Cela ne va pas durer... »

Les parents qui répètent ces phrases toutes faites à leur fils ou à leur fille, ou d'autres du genre : « La vie est une vallée de larmes... ; On est là pour en baver... » pensent sans doute leur apprendre que la vie comporte des moments pénibles, ou essaient maladroitement de les protéger de vaines illusions. Ils ne savent pas à quel point de telles sentences ont une influence négative sur l'avenir de leurs enfants.

Si nous les avons entendues dire par des gens que nous aimions, que nous respections, qui avaient de l'ascendant sur nous, elles nous ont pénétrés et ont déformé notre façon de penser. Aujourd'hui, nous avons à nous en libérer.

On s'est souvent moqué d'Émile Coué qui invitait ses malades à dire quotidiennement cette simple phrase : « Chaque jour et à tout point de vue, je vais de mieux en mieux. » Or, les praticiens savent combien les suggestions positives sont efficaces. Lorsque l'on parle de la méthode Coué, on pense à une méthode mécanique, superficielle, sans profondeur, et pourtant !

Quand nous écoutons vraiment ce que nous nous disons intérieurement tout au long d'une journée, nous prenons conscience que nous appliquons la méthode Coué à l'envers, en répétant des phrases du type : « Je suis incapable... ; Je ne vaux rien... ; Comme je suis bête !... ; Je n'ai pas de mémoire... ; Je suis nul... »

Toutes ces phrases nous semblent de peu d'importance et nous continuons à les dire et à les redire, sans réaliser que nous retournons le don de Dieu, la parole de vie : (« Et le Verbe s'est fait chair » Jean 1, 14), à notre détriment et à celui des autres. Dans la *Genèse*, c'est le serpent qui introduit cette façon de penser... Là où Dieu donne l'abondance et protège, le serpent réduit, négativise et introduit le doute (Genèse 3). Quel gâchis !

Nous allons donc apprendre à nous rendre compte, chaque jour et à chaque fois, quand nous nous donnons de telles injonctions ou quand nous les acceptons des autres sans discernement. Ensuite, nous chercherons à les stopper aussitôt, car c'est au début que nous pouvons le mieux contrôler nos pensées. STOP ! Ça suffit ! Enfin, nous nous exercerons à les remplacer par des propositions inverses constructives. Par exemple, au lieu de dire : « Je suis nul », nous dirons, ce qui est la vérité : « Dieu a mis en moi tout ce qu'il faut pour réussir dans mon domaine de compétence. » Au lieu de dire : « Je suis bête », nous dirons désormais : « Je découvre chaque jour avec émerveillement et reconnaissance mon type d'intelligence. »

Les psychologues ont trouvé – ce qui paraît une évidence – qu'il n'y a pas une seule forme d'intelligence, celle qui était valorisée autrefois, mais au moins sept formes d'intelligence qui sont toutes localisées dans une partie différente du cerveau : les intelligences verbale, logico-mathématique, musicale, visuelle et spatiale, corporelle, inter-personnelle, intra-personnelle, auxquelles on ajoute parfois l'intelligence de la nature. La seule question est de découvrir les formes d'intelligence que nous utilisons préférentiellement et qui servent notre vocation. Par ailleurs, la principale, la plus profonde, n'est-elle pas l'intelligence du cœur ?

Un sportif de haut niveau n'aura pas la même dominante d'intelligence qu'un musicien, qu'un mathématicien ou qu'un psychologue… Il est important que nous mettions à jour et que nous affirmions les types d'intelligences qui sont les nôtres parce qu'en pensant le contraire («Je suis bête»), nous allons nous attirer tôt ou tard des réflexions du même genre, ce qui semblera confirmer notre croyance.

Plutôt que de dire: «Je n'ai pas de mémoire», nous pourrions constater qu'il s'agit souvent d'un manque de motivation ou d'un manque de vigilance. Manque de motivation, car là aussi, nous avons le type de mémoire qui correspond à notre être profond: l'un se souvient de dates apprises, un autre de petits événements quotidiens, un autre de ce qu'il a mangé ou fait à manger, un autre de ce qu'il a vécu spirituellement… Et manque de vigilance: nous ne savons plus où nous avons mis l'objet que nous cherchons, car nous n'étions pas présents intérieurement au moment où nous l'avons posé. On peut appeler saint Antoine en renfort, mais on peut aussi être plus concentré et faire, dorénavant, plus attention…

Ainsi, au lieu de dévaloriser la mémoire que Dieu nous a donnée, nous allons nous fixer un objectif positif par cette phrase: «Je suis de plus en plus présent à ce que je fais, je développe chaque jour ma vigilance.» C'est par la répétition d'une telle attitude, quotidiennement, que nous allons vraiment changer. Si nous pouvions accueillir la vie telle qu'elle est, nous serions dans un état d'ouverture, de disponibilité à l'Esprit Saint, sans aucun de ces parasitages psychiques. Mais puisque nous sommes encore conditionnés par toutes ces façons négatives de penser, nous allons nous donner plusieurs mois, voire plusieurs années, pour vivre un vrai retournement, une profonde contrition et penser autrement. Au lieu de « comment vivre malgré les difficultés ? », ce qui revient à penser « comment monter un escalier malgré les marches ? », nous nous dirons « comment progresser, rebondir grâce aux difficultés ? » c'est-à-dire : « comment monter l'escalier grâce aux marches et l'appui qu'elles représentent ? »[3]

Tout cela prendra du temps ; même s'il fallait 10 % de notre âge pour changer notre façon de voir les choses et de réagir, ce serait un résultat formidable. Il faut au moins trois ou quatre ans (et même beaucoup plus) pour apprendre un métier, un sport ou un instrument de musique. Cela nous paraît « normal », et pourtant nous trouvons cette même durée extrêmement longue en ce qui concerne notre transformation intérieure. Cela prouve simplement que nous avons été mal formés et que nous avons du mal à remettre en cause certaines habitudes mentales.

C'est donc tous les jours que nous allons nous répéter des phrases positives pour avoir en mémoire notre objectif de changement. En effet, si nous nous trouvons devant un escalier de dix ou quinze marches et que nous voulons le monter en un seul bond, nous pourrons nous y exercer toute notre vie, jamais nous n'y arriverons ! C'est ce qui fait que, dans notre perfectionnisme maladif, nous finirons par dire cette phrase terrible : « Jamais je n'y arriverai ! » Le jour où nous comprendrons qu'un escalier se monte marche par marche, nous réussirons à le gravir en très peu de temps. Marche par marche !

Prenons l'exemple véridique de cet élève de terminale qui, au mois d'octobre, avait 2 sur 20 en

---

3. Arnaud DESJARDINS, *Bienvenue sur la Voie*, Paris, La Table Ronde, 2005.

mathématiques, malgré les cours de soutien que ses parents lui faisaient prendre. Il travaillait effectivement, mais était tellement persuadé d'être « nul en maths » qu'il perdait tous ses moyens à chaque interrogation. Au mois de novembre, il eut 4 sur 20. Quelles allaient être les réflexions de ses parents? « Sébastien, tu réalises combien ces cours de soutien nous coûtent cher ? Ce n'est pas si difficile les maths ! Un peu de logique, que diable ! Moi, à ton âge... Et puis, regarde Sylvain : il a eu 14 lui ! » Il existait une autre pédagogie, celle qui fut utilisée en lui disant : « Bravo, Sébastien, tu as eu deux fois plus de points, continue ! Je te propose comme objectif d'avoir au moins 5 ou 6 sur 20 la prochaine fois. Courage ! Tu t'améliores... » Cette attitude ne fut bien sûr possible que parce que Sébastien essayait vraiment de bien faire. La pédagogie des petits pas, par renforcements et valorisations successifs, permit finalement à Sébastien d'avoir 10 en juin à son examen final.

Des petits pas, chaque jour, cela s'applique à tous nos changements...

Devenir adulte

« Je n'ai pas de chance... ; Je suis né sous une mauvaise étoile... ; Qu'est-ce que j'ai fait au Bon Dieu pour mériter ça... ? » autant de plaintes que nombre d'entre nous ont tendance à répéter à chaque fois que survient une épreuve dans notre existence. De cette manière, nous nous plaçons, non pas comme des acteurs qui agissent avec responsabilité, mais comme des spectateurs de notre vie qui, tantôt la subissent passivement, négativement, tantôt se rebellent contre elle. Nous restons prisonniers de la notion de faute.

Ne plus être victime

Lorsque nous sommes confrontés à un événement douloureux, un incident, un accident, une séparation, une maladie, la perte de notre emploi, des difficultés de communication... notre première réaction est de chercher le fautif. Nous oscillons entre une position de culpabilisation excessive (en pensant que tout est de notre faute) et une position accusatrice où nous cherchons des coupables extérieurs (un[e] ami[e], un membre de la famille, notre conjoint... Dieu) à qui nous attribuons la responsabilité de la situation.

En restant ainsi dans ce scénario de *victime / persécutrice*, nous répétons ce que l'on a fait trop souvent avec nous dans notre enfance.

Or, lorsqu'une difficulté se présente, l'important n'est pas de savoir quel est le fautif, mais comment rebondir. Dieu ne nous pousse pas à chercher des coupables, il ne veut pas non plus nous punir. Il nous aide à comprendre les mécanismes ayant pu nous conduire à la situation que nous vivons et à trouver des solutions. Tant que nous ne serons pas sortis du rôle de *victime / persécutrice*, nous rejouerons le scénario d'Adam et Ève : au lieu de se jeter dans les bras de Dieu qui les aurait étreints avec amour, ils ont cherché un coupable : le serpent, la femme « que tu as placée auprès de moi... »[4]

Reprendre la responsabilité de sa vie

Reprendre la responsabilité de sa vie, c'est reconnaître que nous sommes pleinement partie prenante

4. *Genèse* 3, 12-13.

de nos actes quels qu'ils soient. Certes, notre passé, nos blessures, notre hérédité, notre éducation, notre âge… peuvent les expliquer partiellement. Mais notre responsabilité est d'accueillir le bien que Dieu nous aide à en tirer. Si, par exemple, l'un de nos enfants se drogue, a des démêlés avec la police… ; si notre conjoint est parti… ; nous avons tendance soit à nous culpabiliser en nous demandant ce que nous n'avons « pas su faire », soit à les rejeter et à nous sentir victimes : « Pourquoi m'a-t-il fait tant de mal ? » Une attitude responsable consiste à nous demander, à propos de notre enfant, pourquoi la communication n'est pas bien passée entre lui et nous ; et à propos de notre conjoint, ce qui nous a séparés l'un de l'autre tout au long de ces années passées ensemble.

Devenir responsable n'est pas tout justifier. Dans un couple qui « bat de l'aile », plutôt que de se critiquer mutuellement, de se culpabiliser, chacun pourrait envisager la réalité avec objectivité, comprendre son histoire et celle de son conjoint, les mécanismes qui ont conduit, de part et d'autre, à une telle situation, vouloir et chercher par quels moyens la faire évoluer positivement…, sans ni l'auréoler ni la justifier.

Le sentiment de culpabilité psychologique (à différencier de la contrition) n'est pas fertile. Il ne donne ni de belles fleurs, ni de beaux fruits. Il fait rentrer dans un « cercle vicieux » que certains psychologues nomment le « huit infernal », c'est-à-dire un circuit fermé sans voie de sortie. Le sentiment de culpabilité part d'un jugement négatif que nous portons sur nous ou sur les autres. De là naît une angoisse, nous cherchons un coupable… Nous faisons porter le poids de la faute soit sur nous-mêmes, risquant de sombrer dans la dépression du *soumis*, soit sur les autres : « C'est à cause de mes parents si cela m'est arrivé… ; S'il n'avait pas fait cela… j'aurais pu… » pouvant entraîner la révolte du *rebelle*. L'attitude responsable consiste à constater, sans jugement, objectivement, la part que nous avons prise dans telle situation pénible : « Je n'avais pas compris… ; Je n'ai pas su écouter… ; J'ai trop parlé… » Nous pouvons en éprouver du regret, de la peine, mais nous allons chercher surtout à comprendre ce qui s'est vraiment passé et à réfléchir à la façon d'améliorer les choses. Nous parlerons ici de contrition et non pas de culpabilité. Dieu nous aide à discerner notre part de responsabilité dans la situation, à prendre du recul, à évoluer, nous transformer. Il donne un élan, il invite toujours à trouver des solutions, même si, pour les mettre en œuvre, il faut parfois attendre quelque peu…

Devenir responsable c'est discerner plutôt que juger. Par exemple, à la question : « Croyez-vous aux soucoupes volantes ? » plusieurs réponses sont possibles en fonction de notre personnalité. Le *Parent normatif* haussera les épaules en jugeant, par exemple, que « cela n'existe pas » ; l'*Enfant créateur*, plus rêveur, estimera au contraire que « cela existe évidemment » ; l'*Adulte* remarquera : « D'après les informations que je possède, voilà ce que je pense…, mais c'est un sujet que je connais mal. » Il est le seul à faire vraiment preuve d'objectivité. Il connaît ses limites, son opinion peut évoluer, il parle en termes de « je » et non de « ils, on, tout le monde… ». Il n'utilise pas le « tu » accusateur. L'*Adulte* ne cherche pas à avoir un pouvoir sur l'autre ou à avoir raison à tout prix.

C'est tout le contraire que firent ces parents qui trouvant, selon leurs critères, que leur fille avait mal choisi son futur conjoint, refusèrent catégoriquement le mariage : « Il ne mettra pas les pieds ici… ; Tu n'y penses pas… ; Je te mettrai à la porte… ; Je ne viendrai pas à… » Ainsi, une femme de 40 ans mit dix ans à présenter son compagnon à ses parents parce qu'elle redoutait leur réaction : l'homme qu'elle aimait était de quinze ans son aîné et n'appartenait pas au même milieu. Pourtant, l'amour qui les unissait était beau, sincère et profond. Il fallut qu'elle fasse tout un cheminement de libération et d'autonomisation pour oser « avouer » cette relation.

Des parents ont le droit, de façon *Adulte*, de se positionner, de donner leur avis, de faire réfléchir leur enfant aux conséquences qu'une telle union peut avoir pour lui, mais non de peser de façon autoritaire sur sa décision. De toute façon, cela risque de ne pas être efficace, car une position trop normative ou bien écrasera (et c'est ainsi que certains resteront célibataires toute leur vie) ou provoquera la rébellion et confirmera l'enfant dans son choix. Alors qu'une position plus nuancée, dite calmement et avec compréhension, sera sans doute mieux écoutée. Quant à l'adolescent ou l'adulte qui veut parler d'un projet de vie à ses parents, il n'a pas à « avouer » mais à dire librement, expliquer, écouter, dialoguer et à, lui aussi, se positionner clairement.

Innover

Dans toutes les familles, et heureusement pour son évolution, tel ou tel, à un moment donné, sort des scénarios habituels, pense, agit, ressent différemment des autres. C'est un éveilleur, un pionnier. Il est parfois mal vu, comme un « empêcheur de tourner en rond », un « vilain petit canard ». Mais c'est lui qui fera bouger l'hérédité et l'ouvrira à de nouvelles perspectives.

Cela peut se faire sur différents plans comme la mise à jour des scénarios répétitifs ignorés dans la famille, la levée de certains tabous, non-dits ou interdits, le fait de ne plus entretenir les mêmes relations conflictuelles avec les autres sous couvert d'humour caustique, la manière de s'affirmer simplement et sereinement… Mais aussi par une spécificité professionnelle, par exemple, en ne reprenant pas le commerce de ses parents, en ne s'installant pas dans le cabinet conseil ou d'avocat qu'ils ont créé ; en choisissant de vivre une vie sentimentale différente, d'avoir une autre hygiène de vie, une autre façon de s'alimenter ; en développant une spiritualité originale par rapport à son milieu ; en prenant de toute façon de la distance avec l'histoire familiale, en se positionnant autrement et en développant des dons que celle-ci reconnaît peu…

Dans cette perspective, certains enfants qui meurent en bas âge sont vraiment des premiers de cordée, des ouvreurs dans la vie éternelle car leur pureté cristalline et leur innocence les mènent directement « au plus haut des Cieux ». Ce sont eux qui attirent ensuite toute l'hérédité à ce niveau que certains appellent « le plus haut », d'autres « le plus profond ». Par ailleurs, leur départ même est une occasion pour les parents, après toutes les phases de deuil si douloureuses, de connaître le vrai don de soi, de développer une nouvelle sensibilité spirituelle et de compatir à toute souffrance. Ces petits sont bien présents. Ils sont avec nous. Ils diffusent l'amour de Dieu, ils nous conduisent vers l'essentiel. Ils nous apprennent le pardon.

Quant aux adolescents que nous avons « perdus » dans un accident de voiture, quelles que soient les circonstances, ils nous font nous interroger sur l'amour véritable et pourquoi Dieu nous laisse libres. Dieu est

Père, tout aimant, infiniment vulnérable à la souffrance de chacun. Un père fera tout pour protéger son enfant, mais l'empêchera-t-il pour autant de passer son permis puis de conduire une voiture ? Il donnera des règles de sécurité, cherchera à ce que son enfant maîtrise le mieux possible sa conduite et prenne conscience des dangers. Il l'invitera peut-être à prier et à demander la protection divine. Mais ensuite, si l'accident survient, l'aura-t-il « permis » ? Non bien sûr. Il aura simplement « permis » l'autonomie et la liberté de son enfant. Cela nous aide à comprendre à quel point Dieu tout amour ne « permet » pas la souffrance, mais seulement la liberté et combien la providence cherche d'abord à prévenir du danger et à l'écarter chaque fois que possible.

De ce point de vue, si l'homme était plus à l'écoute de Dieu, il ne bâtirait pas de villes près de failles sismiques ou d'un volcan dont on sait qu'un jour ou l'autre il se réveillera. Dans le jardin d'Éden, l'homme cultivait et gardait le « jardin » avec le concours de Dieu et sous son regard aimant et prévenant. Qu'en est-il de nos choix aujourd'hui ?

Chapitre 7

UN CHANGEMENT RÉEL

Il nous arrive, dans les moments de découragement ou au contraire de ferveur, de prier ainsi : « Seigneur, transforme-moi ! Aide-moi à changer ! » Mais le changement ne peut venir seulement de l'extérieur et d'un coup de baguette magique. Il nous implique directement, personnellement et de l'intérieur. Avons-nous vraiment le désir de changer et que faisons-nous concrètement pour cela ?

Se transformer

Trop souvent nous constatons ce qui ne va pas et nous nous arrêtons à cette constatation, sans rien changer. C'est malheureusement souvent le cas lors d'un entretien, d'une confession, d'un stage, d'une retraite ou simplement en écoutant tel ou tel reproche qui nous a été fait. Nous sommes pleins de bonne volonté et nous avons envie que cela change ! Parfois même nous en prenons la décision... Et pourtant, quelques mois plus tard nous nous apercevons qu'il n'y a pas vraiment eu d'évolution. Cela nous confirme que « Ce n'est pas possible... ; C'est trop tard... ; Nous n'y arriverons jamais ». Et nous en prenons notre parti ! Cette attitude n'a rien à voir avec l'abandon, le lâcher prise, mais bien plutôt avec la passivité, l'inertie, les résistances, le refus de se remettre en cause et la peur du changement.

Le lâcher prise concerne les événements de notre vie pour lesquels nous ne pouvons rien changer. Les conflits intérieurs qui nous remplissent de pensées obsédantes sont tout particulièrement dépendants de nous. Ils n'existent que parce que nous les nourrissons. Même si nous croyons que nous sommes malheureux par la faute de telle personne, en réalité, c'est bien nous qui vivons cette souffrance et qui la ressassons.

Nous avons d'abord à voir humblement la façon dont nous contribuons à notre malheur : nous comprendrons que nous sommes l'auteur de ce que nous ressentons. Nous ne sommes pas responsables de la part de l'autre, mais uniquement de la nôtre et de nos propres réactions.

Nous nous revoyons faire les mêmes erreurs, nous reprenons les mêmes habitudes. L'un n'a pas réussi à arrêter de fumer, l'autre boit toujours autant. Certains ont des crises de boulimie et se font vomir... Nous ruminons notre passé, nous reprenons les mêmes rites, les mêmes obsessions et, selon nos propres dires, nous nous retrouvons « à la case départ », nous sommes découragés. Qu'est-ce qui s'est vraiment passé ? Pourquoi est-ce si difficile de se transformer ?

Ce n'est sûrement pas en nous répétant des phrases toutes faites, négatives, que nous allons stimuler en nous un réveil et un changement. Ce n'est pas en nous reprochant ce que nous faisons mal que nous allons faire surgir le bien que nous désirons. Un entraîneur sportif ne se contente pas de proférer des remarques critiques aux athlètes, et encore moins de rappeler à celui qui prépare une compétition de saut en hauteur toutes les fois où il a fait tomber la barre ! Au contraire, tout en analysant ses erreurs techniques, il va lui remettre en mémoire ses réussites, la hauteur qu'il est déjà parvenu à franchir et comment il s'y était pris, lui montrant ainsi ce dont il est réellement capable.

Nous ne pourrons changer que si nous l'avons vraiment décidé, si nous avons appris à trancher, à arrêter, à dire STOP et si nous avons une vraie et profonde motivation. Ainsi, il ne suffit sans doute pas d'avoir peur des conséquences du tabac sur notre santé pour arrêter la cigarette ; il va falloir que nous en ayons une sorte de dégoût et surtout que nous percevions clairement ce que nous gagnerons à changer de comportement et à cesser de fumer. Plus nous verrons ce que nous allons gagner, plus nous serons motivés à abandonner une habitude nocive. Dans le cas présent ce peut être, notamment, le fait de mieux respirer, de retrouver le goût des aliments, d'avoir une meilleure hygiène de vie, de pouvoir pratiquer plus aisément le sport que nous aimons, d'être en harmonie avec notre entourage…

Le changement implique une prise de conscience quotidienne. C'est dans la mesure où, chaque jour, nous allons nous rappeler notre objectif que le changement va se produire. De même que nous nous lavons les dents deux ou trois fois par jour, que nous prenons des granules homéopathiques matin, midi et soir, nous allons comprendre de façon aiguë que nous ne pouvons changer que dans la répétition quotidienne d'un comportement nouveau.

Les lois qui sont ici à l'œuvre sont les mêmes que pour un athlète qui s'entraîne des heures tous les jours ou pour un musicien qui fait ses gammes. Si nous n'appliquons pas ces lois à notre vie psychologique ou spirituelle, c'est qu'on ne nous les a jamais apprises ! Nous sommes encore dans la croyance illusoire que cela doit se faire d'un seul coup, d'un seul : « Ça y est, je suis guéri ! » Et dès que nous voyons que ce n'est pas le cas, nous sommes déçus et nous nous décourageons.

Avons-nous oublié comment nous avons appris à marcher, combien il nous a fallu de répétitions quotidiennes, de chutes, de persévérance, combien de fois nous nous sommes relevés ! Et maintenant, marcher nous semble facile… Avons-nous oublié comment nous avons appris à lire ou à écrire ? Combien d'années d'école pour apprendre l'orthographe, la rédaction, les mathématiques ? C'est le même processus et le même nombre d'années qui s'appliquent aux changements dans notre vie.

Se libérer des encombrements du passé

L'enfant de lumière intérieur ne se révèle pas au même moment chez tout le monde. Que nous ayons 20, 30, 40, 50 ans ou plus, il n'est jamais trop tard pour se transformer.

Réussir une vraie transformation, c'est apprendre à vivre pleinement le présent, c'est penser autrement, aimer, agir et prier à la fois… Mais c'est d'abord briser, trancher les chaînes et les liens du passé qui continuent à nous entraver. Et cela demande vigilance, goût de la vérité et détermination. Nous avons si vite fait de tout justifier au lieu de changer !

Bien souvent nos éducateurs (parents, enseignants...) nous ont appris à être dociles. Un enfant obéissant, « sage », est mieux apprécié qu'un enfant turbulent qui refuse de faire ce qu'on lui demande. Obéissance et sagesse sont évidemment deux qualités fondamentales, mais pas si elles conduisent à la soumission subie et résignée, à se nier, à se gommer, à ne plus être fidèle à la vérité profonde que l'on porte. D'où la nécessité de savoir aussi s'opposer, dire « non » et surtout discerner... Le discernement nous a-t-il été appris, facilité ? Il est essentiel car il nous aide à faire le tri dans tout ce que nous avons vu, entendu, ressenti, dans tout ce qui nous a été inculqué ; il nous permet d'y voir plus clair dans notre héritage familial et dans ce que nous propose l'environnement.

Honorons et respectons nos ascendants, remercions-les pour tout ce qu'ils ont fait pour nous, pour tout ce qu'ils nous ont transmis. Bénissons-les, mais discernons !

Nous avons à nous débarrasser de certains aspects de notre personnalité que nous sentons venir d'un héritage trop lourd. Ainsi cette violence était au départ, dans le don de Dieu, une énergie créatrice, un dynamisme innovateur, un grand potentiel de vie et d'amour. Détournée, elle est devenue au sein de notre famille un moyen de domination physique, mentale ou verbale. Et que dire de cette soumission, que nous avons vue à l'œuvre chez l'un de nos parents, et qui nous empêche de dire « non » quand c'est nécessaire aujourd'hui dans notre vie ? Il faudrait encore s'interroger sur ces maladies qui surviennent chez divers membres d'une famille, et cela sur plusieurs générations. À cause de fausses croyances certains se persuadent qu'à leur tour, le moment venu, ils souffriront des mêmes maux que leurs ancêtres, et ils peuvent contribuer, inconsciemment, à les provoquer finalement... Tout se passe comme si, par un profond sentiment de culpabilité ou de fidélité, ils s'interdisaient de vivre plus longtemps ou mieux que ceux qui les ont précédés. Il est des enfants qui s'arrêtent de grandir pour ne pas dépasser la taille de leur père ou de leur mère, ce qu'ils considéreraient, inconsciemment, comme un crime de « lèse-majesté », une trahison vis-à-vis d'eux.

Aujourd'hui, choisissons la santé physique, la santé psychique et mentale. Dénouons les nœuds de notre psychisme, achevons les histoires non terminées, tirons-en la leçon et tournons la page résolument. Le discernement va nous rendre plus aptes à prendre notre existence en mains sur tous les plans. Nous en avons le droit. Nous en avons le devoir !

Préserver le trésor qui est en soi

Notre transformation passe par une saine confiance en nous. Reconnaissons que nous ne pouvons pas être « bons » dans tous les domaines. Acceptons d'être moins perfectionnistes, de « placer la barre » moins haut, choisissons de développer nos talents, nos ressources propres en cherchant quelles sont nos spécificités, quelle est notre vocation.

Si nous avons été élevés dans une conception dichotomique du bien et du mal, du vrai et du faux, du noir et du blanc... nous avons peut-être oublié qu'il existe toute une gamme de nuances entre les extrêmes et que la création de Dieu est belle et faite de multiples couleurs.

Certes, nous avons des zones d'ombre en nous. Si nous les reconnaissons, les acceptons, nous pourrons les comprendre chez les autres, pardonner, « tourner la page », « remettre les compteurs à zéro ». Cela sera plus facile si nous savons pourquoi nous avons réagi de telle ou telle manière, pourquoi l'autre a eu telle ou telle attitude. Une conscience éclairée par l'*Adulte* retrouve sa liberté. Ainsi, nous commençons par reconnaître nos erreurs : nous le disons à notre conjoint à l'égard de qui nous avons eu quelque méfiance ; à notre enfant que nous négligeons si souvent ; à l'ami que nous n'avons pas écouté lorsqu'il avait besoin de nous, à cette personne qui tombait mal quand elle a téléphoné…

Les critiques et les jugements que nous portons sont si lourds qu'ils risquent d'écraser ce que nous sommes, les beautés de notre être. Ils nous font ressembler à Sisyphe condamné à rouler éternellement un lourd rocher jusqu'en haut d'une colline, rocher qui retombe sitôt arrivé au sommet. Ce rocher est l'accumulation des aigreurs, culpabilités et rancœurs que nous transportons, qui alourdissent et entravent notre croissance personnelle, le développement de nos dons. Quand, au nom de Dieu, le prêtre nous dit : « Tous tes péchés te sont pardonnés » au moment du sacrement de réconciliation, quelle légèreté, quelle libération ! Et quelle beauté quand nous savons dire : « Je me suis trompé… ; Cette phrase a dépassé ma pensée… ; Je te demande "pardon". » Nous admettons que nous avons en nous des sentiments négatifs. Nous les reconnaissons, nous les nommons et nous apprenons à les transformer en nouveaux positionnements, en actions constructives. La compréhension psychologique nous ouvre le cœur et fait que nous ne voulons plus ni nous nuire ni faire souffrir autrui inutilement. Nous respectons les autres comme nous leur demandons de nous respecter. Nous accepter avec nos limites, nous émerveiller en mettant à jour les dons que Dieu nous a confiés, sans comparaison, sans dévalorisation ni survalorisation…, voilà la véritable humilité. Si nous nous critiquons négativement, n'est-ce pas un manque de simplicité, de l'orgueil, puisque cela veut dire que nous avons en fait de nous une image auréolée et que, au lieu de tendre humblement et progressivement vers elle, nous nous en voulons de ne pas lui ressembler.

Nous avons aussi à nous rappeler quotidiennement qui nous sommes vraiment, que nous sommes profondément enfants de lumière, enfants de Dieu, qu'il nous aime, nous habite, vit en nous, nous donne ce qu'il est, sa joie, sa paix, son amour. Rayonnons-le autour de nous. Laissons-nous traverser par lui.

Nous avons à nous souvenir chaque jour de notre identité de « cygne », de « prince ». Nous le ferons avec d'autant plus de bonheur que nous n'aurons vu en nous, jusque-là, que le « vilain petit canard », le crapaud, le « vieil homme ». Ainsi, nous sentirons-nous plus jeunes, plus dynamiques, tout autres et plus positifs. Quand nous nous regarderons dans notre miroir, nous discernerons en filigrane une petite fille, un petit garçon radieux, optimistes, pleins de gaieté, de courage et qui font du bien autour d'eux.

Efforçons-nous de voir le bien en chaque être, en nous-mêmes, de discerner le trésor qui existe en toute situation. Arrêtons de faire deux tas dans notre vie : ce qui nous paraît heureux d'un côté, ce qui nous paraît malheureux de l'autre. Tout dépend de la façon dont nous réagissons. Nous pouvons sombrer, agresser, rouspéter, fuir, ou au contraire tirer profit de chaque situation. Pour certains peuples « l'ennemi est l'ami » ; les Chinois affirment que « la crise est l'opportunité » ; ce qui abat certains stimule les autres…

Apprenons à envisager les choses sous un jour neuf, positif, à rebondir quelles que soient les circonstances, à ne plus diaboliser, négativiser : tirons la quintessence de ce que nous vivons et n'oublions pas que Dieu fait de tout un plus grand bien.

Vivre le présent

Pour nous immerger pleinement dans le présent, nous avons à accomplir un « nettoyage psychologique » de nos émotions chargées, de nos refus, de nos revendications, de nos insatisfactions stériles, de nos colères… De même que nous sortons les poubelles de notre habitation, que nous nous lavons chaque jour, que notre corps se libère et s'allège par ses fonctions d'élimination, de même nous devons vider nos poubelles psychiques. En restant encombrés de tous nos détritus psychologiques, nous risquons de nous intoxiquer, de tomber malades. Bien des affections viennent de là.

Il est bon d'avoir un endroit pour parler, pour exprimer ce que nous vivons, de rencontrer quelqu'un qui nous comprend, nous accueille, nous écoute et nous aide à résoudre nos conflits intérieurs et extérieurs. Si tel n'est pas le cas, ce n'est pas une raison pour sortir nos poubelles n'importe où, ni n'importe comment. Nos proches, nos amis, nos collègues n'ont pas à nous servir de déversoir, il y a des personnes qui sont formées pour cela. Et si nous choisissons de ne pas avoir d'accompagnement thérapeutique, quand nous nous sentons remplis d'agressivité, nous pouvons au moins marcher, faire du sport, taper dans un ballon, courir, chanter… et prendre des décisions pour l'avenir afin d'expulser ce trop-plein et de retrouver la paix.

Vider ses poubelles, ce n'est pas ressasser, revenir sans cesse sur les mêmes insatisfactions. Quand on sort ses poubelles, on ne va pas ensuite fouiller, mettre « le nez dedans ». On laisse le camion benne les recueillir et les évacuer. Ainsi, avons-nous aussi à laisser Dieu nous en décharger totalement. Il en est de même quand nous allons aux toilettes. Nous tirons la chasse d'eau et tout s'écoule. Que dirions-nous si, au lieu de cela, nous triturions nos excréments ?

Vivre le présent, c'est savoir tirer au fur et à mesure la leçon de nos erreurs sans exagération, sans dramatisation, mais en les voyant bien en face. : « Là je me suis trompé… ; Je n'en veux plus… ; Je le regrette… ; La prochaine fois je… » L'erreur est inévitable. Elle est l'expression de nos limites, de nos fragilités. Sachons modifier notre propension aux paroles violentes, nos gestes brusques, nos discours cérébraux… sans nous culpabiliser. Apprenons à dire ces cinq mots « magiques » : « Bonjour… ; Merci… ; S'il te plaît… ; Pardon… ; Je t'aime… » en dépit des difficultés que nous pouvons rencontrer avec nos proches. Avec ces simples mots, que de conflits pourraient être évités…

Être dans le présent suppose que nous soyons capables de prendre du recul vis-à-vis de nos blessures. Lorsque nous souffrons de nous sentir incompris, au lieu de nous replier sur nous-mêmes, nous pouvons nous demander d'où viennent nos réactions, ce que nous revivons, quels échos de notre passé résonnent, ceci afin d'éviter des interprétations erronées. Au minimum, mettons un grand point d'interrogation à des affirmations telles que : « Il se moque de moi... ; Il s'en fout... » Chacun de nous est responsable de ce qu'il ressent et de ce qu'il en fait. Désormais, nous n'accuserons plus une personne de nous rendre la vie impossible, mais nous chercherons à percevoir à quoi renvoient les ressentiments que nous éprouvons à son égard, ce que cela nous rappelle. Nous prendrons conscience que nous pourrions aussi nous affirmer plus justement, voire provoquer une séparation si la situation est trop douloureuse. Nous chercherons d'abord à dialoguer, à nous expliquer mutuellement. Si cela est impossible, pourquoi ne pas écrire alors une lettre, sans l'envoyer, dans laquelle nous noterons tous les comportements qui nous ont fait mal, tous les mots qui nous ont blessés afin de les extirper de notre esprit, de nous en libérer. Nous tenterons aussi de nous mettre à la place de l'autre, de comprendre son point de vue, et de prendre conscience que le message négatif qu'il nous a envoyé venait de sa propre souffrance, complémentaire à la nôtre. Prendre du recul, c'est adopter une attitude plus neutre, apaisée, objective. Nous remettrons les événements à leur juste place. Nous ne céderons plus au jeu de la dramatisation duquel nous sortons encore plus meurtris, dévalorisés, rejetés, humiliés... Nous relativiserons les faits et nous nous en protégerons en les remettant à leurs justes proportions. Nous n'apprécions plus les événements à travers le prisme de notre éducation. Nous retirerons les lunettes déformantes que nous portons pour recevoir les choses dans leur réalité objective.

L'*Adulte* ne s'identifie pas à ses états d'âme, à ses sentiments, encore moins à une émotion particulière et momentanée. Il ne s'emporte pas, il s'accorde le temps de la réflexion. Il évite toute interprétation abusive.

Être dans le présent, *hic et nunc*, c'est agir concrètement. Rendons-nous compte quand nous nous évadons dans la rêverie en lisant des romans où nous vivons, par procuration, d'autres vies que la nôtre ; quand nous sommes perpétuellement insatisfaits sans rien proposer ni changer, quand nous fuyons le réel avec des conduites addictives (boulimie, tabagisme...) ; quand nous nous déconnectons dans des activités obsessionnelles... Cette prise de conscience fondamentale est le début du chemin. Adhérons au présent, au réel, en accomplissant un geste physique dans lequel nous nous investissons complètement, où nous mettons toute notre conscience : rangement, jardinage, bricolage, sport... Nous qui avions tendance à « avoir la tête dans les nuages », à chercher des échappatoires, nous revenons à « l'ici et maintenant », nous habitons à nouveau notre corps et nos sensations, sans rien surajouter.

Vivre l'instant présent c'est être présents à nous-mêmes et à tout ce qui existe sans jugement. C'est parvenir à un état de solitude habitée, même au milieu d'une foule bruyante. C'est éprouver la présence divine. Nous avons à découvrir le bonheur d'être seuls, d'être nous-mêmes, autonomes et libres, alors que nous en avons longtemps eu peur, et que nous nous sommes étourdis d'activités, de bruits, de soirées superficielles, de consommations de toutes sortes... Mettons-nous en communion avec tous les êtres humains qui vivent la même chose que nous, ou ont besoin de nos pensées, de réconfort et d'amour. Prions pour tous ceux que nous aimons, pour les personnes que nous avons croisées dans la rue, dans les transports en commun et dont les visages nous reviennent à l'esprit. Enfin vivons autrement des actions simples comme les courses : accomplissons-les consciencieusement, avec plaisir et avec tout notre être sans laisser notre psychisme nous détourner de ce moment. Le mental nous ramène trop souvent à notre passé, à nos obsessions… ; il nous projette dans l'avenir avec tous nos désirs insatisfaits, nos inquiétudes, nos doutes. En nous rétablissant dans le présent, nous nous retrouvons. Accueillir tous les aspects de notre journée, les offrir, dire « oui », développer le CONTENTEMENT tout en changeant ce que nous pouvons modifier, nous unifier dans tout ce que nous entreprenons nous permet de savourer, à chaque instant, un vrai goût d'éternité. Dieu a bon goût !

De ce point de vue notre journée, telle qu'elle se présente, est parfaite. Que le ciel soit bleu et nous en sommes ravis. Qu'il y ait des nuages et nous voyons déjà les tableaux que nous allons pouvoir peindre. Qu'il pleuve et nous sommes heureux pour les agriculteurs et la terre qui a besoin d'eau. Nous apprenons à accepter le temps tel qu'il est et à en tirer le meilleur profit. Que va-t-il nous inviter à vivre aujourd'hui : sortir, méditer, prier, travailler la terre… ?

Nous nous réjouissons d'avoir des yeux pour voir (+) (nous pourrions perdre la vue). Nous bénissons le ciel pour la lumière qui traverse les nuages (+) et nous permet de les contempler (+).

Une mince couche de nuages peut complètement recouvrir l'immensité du ciel bleu. Nous ne laisserons donc pas les nuages de notre vie nous empêcher de contempler chaque jour la beauté qui se manifeste dans la nature, dans notre vie, chez les autres.

Penser positivement et s'émerveiller

Nous portons malheureusement trop souvent encore un jugement négatif sur notre vie : « Je ne suis bon, bonne à rien... ; Je n'ai pas de chance... ; Je n'ai pas tiré le bon numéro... ; Je n'y arriverai jamais... » Lorsque nous comparons nos réalisations à celles des autres, nous nous dévalorisons. Nous utilisons notre mémoire pour ruminer les moments difficiles, ceux qui nous ont fait souffrir, ceux qui nous ont fait honte... Nous jugeons notre passé médiocre et nous imaginons notre avenir teinté de la même grisaille... Mais pouvons-nous connaître ce dernier ? Ne vaudrait-il pas mieux voir notre vie comme Dieu la voit et l'aime, prendre conscience de tout ce que nous avons déjà réalisé, même si cela nous semble insignifiant ou secondaire, afin d'avoir confiance pour le futur ? Entendons-nous le « MERCI » de Dieu pour nos essais, nos efforts, notre persévérance ?

Apprendre à aimer notre vie telle qu'elle est et discerner que même dans les événements douloureux il y a toujours un cadeau, une chance, une opportunité, au moins sur le plan de la compréhension humaine et de l'avancée spirituelle ; ne pas succomber à la tentation de revenir en arrière ; comprendre que notre vie est belle et féconde[1], qu'elle a un sens au regard de Dieu, que chaque seconde de notre existence compte pour lui, que chacune de nos pensées, de nos actions est importante à ses yeux... tout cela nous permet de penser autrement et de nous réjouir.

Nous nous souviendrons de toutes les beautés de notre vie : les moments importants, les moments forts, les moments pleins ; ceux où nous avons aimé ; ceux où nous nous sommes sentis compris ; ceux où nous nous sommes émerveillés ; ceux où simplement nous nous sommes sentis en paix ou dans la joie. Si nous

---

1. Yves Boulvin, Anne Villemin, *Choisis la Vie*, Nouan-le-Fuzelier, Éditions des Béatitudes, 2001.

craignons que notre mémoire nous fasse défaut ou qu'elle sélectionne les « mauvais coups« de notre existence, nous pouvons nous servir de supports comme des cartes postales, des photos, des cassettes de chants ou de musique qui nous rappellent tel ou tel instant béni. Nous pouvons inscrire les péripéties les plus riches de notre vie dans un cahier des merveilles où nous collerons des fleurs séchées, où nous ferons des dessins, où nous rédigerons des poèmes. Nous nous souviendrons de ce sourire qui nous a fait chaud au cœur, de cette main tendue lorsque nous étions prêts à tomber. Nous garderons auprès de nous une représentation de Jésus miséricordieux, de Marie... Nous nous réserverons quotidiennement des moments de recueillement où nous ressentirons les émotions profondes qui nous ont bouleversés positivement...

Nous replonger chaque jour dans l'endroit de nous où se trouvent la beauté et l'émerveillement nous permet de nous ressourcer, nous régénérer et nous faire repartir, rebondir, quels que soient les événements extérieurs.

Avoir une autre perception de l'existence, changer de regard, nécessite de prendre du recul par rapport à ce que nous pensons ne pas avoir réussi, et de ne plus accumuler de mal vécus. Ainsi, chaque jour est-il bon de faire le point et de tout repositiver.

Nous avons à nous réjouir de ce qui a bien « marché », à nous remémorer les bons moments... Il y a peut-être eu des « ratés » dans la journée, alors nous remettons les choses à leur vraie place, dans leurs justes proportions. Par exemple, lorsque nous avons un conflit à régler avec une personne, au lieu de maugréer, de creuser par des pensées dramatisantes le lit de ressentiments, nous nous efforçons de nous en tenir aux faits bruts, tels qu'ils sont, afin de bien poser le problème et de trouver des solutions. Nos relations avec les autres vont alors changer : il y a beaucoup moins de tensions dans une logique « problème / solution », celle du « comment faire pour… » que dans une logique accusatrice ou auto-accusatrice où l'on revient sans cesse sur le passé.

Utilisons des mots, des phrases qui ouvrent le cœur, qui suscitent l'amour pour nous et pour les autres, celles qui viennent de notre être profond et font du bien. Semons chaque jour des pensées positives. Nous avons l'habitude de répéter des phrases toutes faites, des formules négatives comme : « La vie est dure… ; Tout fout le camp… » entendues dans notre enfance. Certaines d'entre elles viennent de très loin et se transmettent de génération en génération. Certes, nous n'allons pas cesser de les utiliser du jour au lendemain parce qu'elles sont ancrées dans notre langage, dans notre inconscient. Mais nous allons d'abord faire attention à elles, nous prendre en « flagrant délit » quand nous les prononçons. Puis, nous les arrêterons dès qu'elles se présentent à notre esprit : « STOP ! » Enfin, nous apprendrons à les contrecarrer en énonçant un certain nombre de phrases positives inverses. Au lieu de nous plaindre : « Jamais je n'y arriverai… ; Je ne pourrai jamais… », nous pourrions affirmer : « Je réussirai même si cela demande du temps. » À la place de « Tout se paie », nous pourrions dire : « J'ai le droit d'être heureux… ; Je choisis d'équilibrer ma vie et de recevoir les cadeaux de Dieu… » Bannissons de notre vocabulaire des remarques comme : « Je suis à bout de forces… ; Personne ne peut me comprendre… » et remplaçons-les par : « Aujourd'hui je suis fatigué et je me repose… ; La fatigue et le stress font que j'ai tendance à tout voir en noir…, alors je me ressource, je me relaxe… » Ces formules contrepoisons sont comme des semences qui vont germer, grandir, éclore et devenir de nouvelles fleurs dans notre bouche: «Je prends petit à petit confiance en moi… ; Je vais progressivement vers les autres… ; J'apprends à parler en public… ; Je choisis d'être en bonne santé et de m'alléger physiquement… ; Je dors de mieux en mieux… ; Je deviens de plus en plus calme… »

Nous «rebrancher» positivement prendra des mois, peut-être des années. Nous avons le droit de penser autrement que nos parents, nos grands-parents, nos éducateurs… aussi admirables ont-ils été par ailleurs. Nous avons le devoir de tout repositiver, de choisir la vie qui circule en nous, la Parole de Dieu qui est toujours édifiante, clarifiante… de nous mettre au diapason de notre enfant de lumière. La pensée positive relativise. Elle n'entre pas dans le drame. Elle comprend qu'il est vital de savoir s'arrêter, de ne pas prendre de résolution lorsqu'on est épuisé et que l'on a dépassé ses limites. Nous pouvons repérer les moments de la journée où nous sommes le plus nous-mêmes, où nous réagissons le mieux, pour prendre des décisions importantes plutôt que le faire lorsque nous nous sentons dépressifs, que nous sommes hésitants, que notre psychisme a le dessus. Nous attendrons pour agir efficacement d'être recentrés dans notre enfant de lumière, inspirés par Dieu.

Dans cette même logique, nous retirerons progressivement de notre langage toutes les tournures négatives du genre: «Je ne suis pas ceci, cela… » et nous affirmerons positivement ce que nous sommes.

L'histoire suivante montre l'importance de la formulation positive: «J'ai deux pièces de monnaie dans les mains, l'ensemble fait 25 centimes, pourtant l'une des deux pièces n'est pas une pièce de 5 centimes.»

Réfléchissez un instant. Qu'est-ce qui rend l'histoire apparemment compliquée ? Qu'avez-vous compris ? N'avez-vous pas entendu qu'il n'y avait pas de pièce de 5 centimes ? Est-ce bien cela qui a été dit ? Relisez bien... « l'une des deux pièces n'est pas... », et l'autre ? C'est la formulation, et elle seule, qui a prêté à confusion. Il n'y aurait eu aucun doute dans votre esprit si celle-ci avait été : « L'une des deux pièces est une pièce de 5 centimes. »

Alors, si nous avons l'habitude de répondre : « Je ne dis pas "non" quand on nous pose une question, nous nous appliquerons maintenant à dire tout simplement "oui..." »

Agir

Prendre une décision, c'est accepter une part d'erreur et renoncer à d'autres options. Décider, c'est avancer, accepter l'imperfection, comprendre la nécessité d'une démarche progressive.

Prendre des décisions

Si nous voulons tout parfaitement et immédiatement, nous ne déciderons rien. Alors, nous avons à nous entraîner. Chaque jour nous prendrons des petites résolutions pour nous préparer à de plus grandes, celles qui engagent toute une existence. Et nous les tiendrons ! Par exemple, si nous avons simplement projeté de sortir faire une course, puisque nous l'avons décidé, nous l'accomplirons, même s'il pleut, même si le téléphone sonne. Nous pourrons différer, remettre à un peu plus tard, mais nous tiendrons bon.

Aller de décision en décision, ne plus tergiverser, ne plus vouloir tout réaliser parfaitement et « du premier coup », mais progressivement, nous libérera et nous redonnera confiance en nous et dans la vie.

Les petites décisions nous ancrent dans les gestes quotidiens, ceux-là même que nous répugnons trop souvent à faire. Nous habiterons mieux notre corps en vivant consciemment chacune de nos actions, y compris celles que nous percevons comme les plus insignifiantes. La spiritualité s'incarne dans le quotidien qu'elle transfigure, auquel elle donne un sens. Aucune action n'est méprisable. S'accomplir, ce n'est pas réaliser forcément des œuvres extraordinaires, mais plutôt faire extraordinairement de petites choses, en les vivant autrement que dans la routine, en les vivant en Dieu et de façon unifiée. Une résolution quotidienne, même si elle nous paraît mineure, est capitale pour notre affermissement : si nous décidons d'aller nous promener, nous le faisons ; si nous décidons de téléphoner ou d'écrire, nous le faisons…

Nous éviterons de remettre au lendemain ce que nous pouvons faire le jour même. Si notre grenier est encombré de vieilles choses inutiles et que, depuis longtemps, nous avons le projet de le débarrasser ; si notre bureau est en désordre et que nous ne trouvons plus tel courrier important ; si la pelouse a besoin d'être tondue ; si l'herbe pousse entre les rosiers ; si une montagne de vaisselle attend dans l'évier… plutôt que de rester les bras ballants à nous lamenter parce que nous avons trop de choses à faire, que « c'est un fouillis épouvantable », un « désordre indescriptible », que « nous n'y arrivons pas », nous agirons sans attendre, nous programmerons une action précise le plus tôt possible. Au lieu de nous prendre pour une victime et de nous persécuter en nous dévalorisant, de regretter de ne pas avoir vidé le grenier, de ne pas avoir trouvé le temps de ranger notre bureau, de ne pas avoir profité des récents rayons du soleil pour faire le jardin, de ne pas avoir eu le courage de nettoyer la cuisine après l'avoir utilisée, nous nous mettrons au travail dès maintenant sans nous dire que « peut-être, si tout va bien, nous essaierons sans doute de... » Nous n'allons pas tout régler aujourd'hui, mais nous commencerons à agir en faisant un peu de ménage, en triant les papiers sur tel coin de notre bureau, en jetant ceux qui ne servent à rien... Nous nous astreindrons à effectuer des démarches concrètes pour régler progressivement les problèmes matériels et ne plus être encombrés.

S'organiser

Certaines personnes agissent trop vite, « foncent » sans réfléchir. D'autres, à l'inverse, restent dans un état de passivité et subissent sans réagïr. L'action est capitale. Ce n'est pas en ressassant, en rabâchant, en regrettant que les choses vont changer, mais en agissant autrement dans telle ou telle situation dont nous nous plaignons habituellement. Et ces actions vont en entraîner d'autres à leur suite. Toutes ont des conséquences. Alors, nous allons agir petit à petit, en rectifiant toutes les fois que ce sera nécessaire. Un décideur sait qu'il fera des erreurs, il optimise ses choix puis les rectifie selon les événements.

Nous n'agirons pas dans tous les sens, n'importe comment. Nous allons organiser, planifier. Ces termes répugnent à certains d'entre nous parce qu'ils leur semblent éloignés de la spiritualité et de ce qui leur paraît essentiel dans la vie : la rencontre avec

Dieu. Mais, précisément, l'organisation, la structuration du temps, la planification des activités, la gestion du budget remettent l'*Adulte* au premier plan ; c'est lui le chef d'orchestre de nos décisions et de tout ce que nous entreprenons. Ainsi, quand nous n'aurons plus la tête remplie de pensées obsédantes concernant ce que nous devons faire, ce que nous ne faisons pas, pensées dans lesquelles nous nous enlisons par manque d'organisation, nous pourrons plus facilement nous ouvrir à l'amour, parce que nous serons intérieurement plus disponibles. À nous de trouver la meilleure façon de nous organiser : tout noter sur un calendrier, un agenda et le consulter chaque jour ; aménager des temps pour faire nos comptes ; réserver des moments de récréation comme sortir, nous promener, écouter de la musique avant d'entreprendre une activité que nous trouvons rébarbative ; fractionner celle-ci et nous accorder des coupures, des pauses, des « aérations » plutôt que tout faire « d'un bloc »... Apprendre à gérer chaque journée, chaque semaine mettra progressivement de l'ordre dans notre tête. Choisir une règle de vie nous libérera et nous débarrassera de nos éternelles obsessions, du flou, du vagabondage mental. N'oublions pas qu'il n'existe pas de jeu, de sport sans règles. Et le plaisir du jeu se fait à l'intérieur des règles admises par tous (les limites du terrain, le filet, le but, le temps que dure une mi-temps, l'emplacement du joueur ou de l'équipe, la hauteur des haies, la façon de compter les points, la valeur des cartes, l'avancement des pions...). Avons-nous bien compris et admis l'importance des règles dans notre vie ?

Se fixer des objectifs réalistes

Se donner toutes les chances de tenir une décision, c'est avant tout se définir un objectif clair, précis, réalisable et être DÉTERMINÉ. C'est ensuite se poser cinq questions fondamentales pour s'assurer que l'on est bien motivé, que sa résolution est entière et que l'on ne va pas mettre en œuvre des sabotages: Avons-nous décidé librement et en mesurant bien les conséquences *(Adulte)*? En avons-nous vraiment envie *(Enfant)*? Est-ce conforme à nos valeurs *(Parent)*? Cela va-t-il dans le sens de notre être profond, de notre vocation? Nos erreurs passées qui nous ont fait mal au cœur, qui nous font encore mal, dont nous avons honte, nous servent-elles de repoussoir? (« Jamais plus un tel gâchis... ! ») C'est enfin choisir des moyens d'action concrets, identifiables. Si nous choisissons, par exemple, d'être moins dépensiers, nous déciderons quand, où, comment, avec qui... Nous serons résolus, par exemple, à ne jamais avoir de découvert bancaire. Nous prévoirons certaines dépenses personnelles, mais nous les cadrerons dans les limites que nous avons décidées. Nous réfléchirons comment faire pour garder un solde créditeur, en tenant par exemple une comptabilité rigoureuse des recettes et des dépenses d'abord sur une semaine, puis sur un mois: un cahier, tenu au jour le jour, et sans excès, peut éventuellement nous aider. Au bout d'un mois, nous aurons une idée générale de notre budget et nous pourrons déduire la part effective qui reste pour les loisirs. Au cours des mois suivants, nous aurons une vision précise des libéralités que nous pouvons nous accorder tout en poursuivant notre but sans nous décourager.

Si notre objectif est de nous nourrir différemment par souci d'hygiène de vie, pour normaliser notre taux de cholestérol, ou perdre du poids, nous allons nous informer, prendre, par exemple, les conseils d'une diététicienne. Nous apprendrons à bannir de notre nourriture certaines catégories d'aliments, à les remplacer par d'autres, à les prendre à tel ou tel moment de la journée, à respecter certaines combinaisons alimentaires... Nous chercherons aussi une façon saine de nous faire plaisir. Jour après jour nous affirmerons notre décision. Au bout de quelques temps, ce qui nous apparaissait comme une privation insurmontable deviendra une règle de vie indispensable. Il nous arrivera sans doute encore de manger comme autrefois quand nous serons invités ou quand nous irons au restaurant, mais notre organisme le supportant mal, nous apprendrons à choisir parmi les mets et à manger légèrement.

Certains buts sont plus ou moins difficiles, plus ou moins longs à atteindre. Nous cheminerons petit à petit, un peu chaque jour, pas à pas, marche par marche : tout le secret du changement est là. Rappelons-nous, chaque jour, le but que nous nous sommes fixé. Pour cela, nous pouvons l'écrire sur un petit carton que nous poserons dans la salle de bains, la cuisine, le bureau, la voiture, la table de chevet... Pour progresser, nous nous donnerons des petits objectifs quotidiens : nous alléger, mieux nous organiser, écouter telle personne, reformuler, faire preuve de compréhension, dire au moins deux ou trois fois dans la journée « merci » ou le bien que nous pensons de telle autre, mais aussi oser dire « non », développer notre autorité, la rigueur, la fermeté, si nous en manquons... Le soir, nous n'oublierons pas de faire le point, quelques minutes quotidiennes suffisent, de valoriser nos réussites et nos progrès, d'analyser nos échecs et de nous redonner un objectif pour les jours suivants, pour les mois à venir sans nous enfermer dans des cadres rigides, en restant ouverts à l'Esprit Saint, à la providence, à l'intuition qui va nous guider.

Gravir une montagne, c'est avancer pas à pas, faire des détours, avoir l'impression de revenir en arrière à certains moments, perdre le sommet de vue, tout en s'en approchant. Il en est de même pour les progrès que nous allons faire : lentement, mais sûrement, le cœur en fête. Il est « normal » que nous ayons des moments difficiles. Ne les dramatisons pas. N'oublions pas que, lorsque nous marchons, entre le moment où nous posons le pied gauche et celui où nous posons le pied droit, nous sommes en déséquilibre. Si nous voulons changer une habitude ancrée depuis longtemps, entre l'ancien fonctionnement et le nouveau, il y aura des mois, voire des années, de flottement, d'essais et d'erreurs. C'est cette période de transition qui nous fait peur. Nous savons que si nous arrêtons de fumer, nous risquons de compenser en mangeant et de prendre du poids, nous serons vraisemblablement énervés et en manque. De même si nous apprenons une nouvelle façon de nous placer et de renvoyer la balle au tennis, pendant un certain temps notre jeu sera déséquilibré et nous jouerons momentanément moins bien. Mais après quelques temps d'apprentissage, nous jouerons beaucoup mieux ! Et que dire de celui qui vient d'être opéré de l'appendicite, ne semble-t-il pas moins bien le soir de l'opération que la veille… ?

Le changement passe toujours une phase de transition délicate. La règle d'or est de se rappeler chaque jour l'objectif, de tenir, de persévérer, de s'encourager : notons nos succès, nos petits progrès, félicitons-nous, souvenons-nous de ce dont nous sommes capables, renforçons en nous le « non » aux habitudes passées dont nous ne voulons plus… Tout cela nous aidera à grandir dans la réussite. Sans faire de triomphalisme excessif ni manifester un optimisme exagéré, prenons conscience de nos progrès, de nos petites victoires.

Parler de victoire répond à une tournure d'esprit : il s'agit de franchir un gué, d'avancer pierre après pierre, de terre ferme en terre ferme. Nous apprendrons à ne plus négativiser, dramatiser, « voir tout en noir » mais à mettre en pratique le fait que de tout peux sortir un bien, que « tout concourt au bien de ceux qui aiment Dieu ».

Nous irons désormais de victoire en victoire, de progrès en progrès ! Plus nous adopterons cette façon de penser, plus nous aurons une saine confiance en nous, en la vie, en notre capacité de réagir positivement aux événements quels qu'ils soient !

Prier

Comme nous mangeons matin, midi et soir, comme certains prennent des remèdes trois fois par jour, pourquoi n'appliquerions-nous pas cette règle de vie à notre spiritualité ?

Avons-nous décidé de prendre des temps, même courts, avec Dieu, en Dieu, plusieurs fois par jour ? Les moines nous invitent à prier au lever du jour, au milieu de la journée et le soir. Un fiancé n'a-t-il pas envie de téléphoner ou d'envoyer des messages à sa bien-aimée plusieurs fois durant la journée ? Ne pense-t-il pas fréquemment à elle, le cœur rempli d'amour ?

Matin, midi et soir, nous pouvons interrompre nos occupations pour nous approfondir, prier, reprendre une décision à laquelle nous accordons du prix comme, par exemple, être plus positifs, plus valorisants pour les autres, nous encourager par des pensées dynamisantes. Nous avons tendance à nous disperser dans notre vie quotidienne, partagée en activités multiples. C'est pourquoi nous avons besoin de temps d'arrêt pour reprendre notre décision, pour entrer en nous-mêmes, dans notre profondeur, pour communiquer avec Dieu et communier en Dieu, par exemple par l'adoration, la contemplation, le cœur à cœur.

Si nous avons vraiment conscience que la vie de Dieu en nous n'est que beauté, que le désir de Dieu est de tout remettre dans son ordre divin et harmonieux, alors nous aurons totalement confiance. Nous verrons tout autrement, d'une façon positive. Nous serons en paix : nous saurons combien il est important de tout bénir. Telle situation s'est mal passée avec notre employeur, nous nous sommes disputés avec notre conjoint, nous n'avons pas compris la demande de notre enfant, nous avons été bousculés par un passant... nous dirons : « Seigneur, tu les bénis. »

Apprenons à tout bénir sans exception. Quand nous entrons dans une église, nous sommes saisis parce que le lieu est baigné de prières depuis longtemps. Si nous prenons l'habitude de prier et de tout bénir chez nous, c'est toute notre maison, tout notre appartement qui s'en trouvera sanctifié. Plus nous enverrons de pensées positives, plus nous imprégnerons notre environnement de bénédictions, plus cela réfléchira sur ceux qui viendront nous rendre visite et plus nous nous sentirons bien nous-mêmes.

BÉnir-Louer-Remercier (BE-L-R). Quel bel air ! Respirons un air nouveau...

Nous bénirons donc en toutes circonstances et nous demanderons à Dieu la grâce de devenir de petites sources de bénédictions intarissables.

Conclusion

Toi qui viens de lire ce livre, te reste-t-il des événements que tu n'as pas repositivés, auxquels tu n'as pas encore dit « oui » : un oui positif, libérateur qui permet de vivre vraiment l'instant présent. Ce qui est EST. Ce qui a été A ÉTÉ. Inutile d'y revenir sans cesse. Quelle leçon en as-tu tirée pour aujourd'hui, pour demain ? Acceptes-tu, avec l'aide de Dieu, de repartir, de rebondir ? Il y a en toi une source pure et féconde qui jaillit continuellement, qui transforme, régénère, renouvelle. En as-tu bien conscience ? Il y a près de toi, en toi, QUELQU'UN qui t'aime sans condition. Il y a en toi la paix, l'amour et la sagesse que tu cherches depuis toujours. Il y a en toi la plénitude et la joie.

Que Dieu te bénisse et te garde !

TABLE DES MATIÈRES

TROISIÈME PARTIE

Rebondir

« L'aire de famille »

Collection dirigée par
Marie-Claude Fragnière et Michel Salamolard

Lieu de naissance et lieu de sens, avec les mutations qu'elle connaît aujourd'hui, la famille est, sous toutes ses formes, le miroir et le laboratoire de la société actuelle et future. En donnant la parole à des spécialistes ayant également une pratique, cette collection couvre l'ensemble des sujets intéressant la famille et veut apporter des réponses humaines et constructives aux questions des parents, des grands adolescents, voire des enfants.

Titres parus :

– DE COULON Jacques, *Clés pour apprendre. Réussir grâce à la sagesse égyptienne*, 2001.

– SONET Denis, *Leur premier baiser. L'éducation affective des adolescents*, 2001.

– PIRON Claude, DUCARROZ Claude, *Vous, vos enfants… et Dieu. Quand la religion fait problème en famille*, 2001.

– DAVIN José, *Sa vie n'a pas de prix. Accueillir et accompagner la personne handicapée*, 2001.

– SALAMIN Marie-Françoise, *Tout pour être heureux ! Comment accueillir, développer et transmettre des aptitudes au bonheur ?*, 2001.

– THÉVENOT Xavier, *Mon fils est homosexuel. Comment réagir ? Comment l'accompagner ?*, 2001.

– POLETTI Rosette, DOBBS Barbara, *Vivre le deuil en famille. Des pistes pour traverser l'épreuve*, 2001.

– NANCHEN Maurice, *Ce qui fait grandir l'enfant. Affectif et normatif, les deux axes de l'éducation*, 2002.

– ZERMATTEN Jean, *Tribunal des mineurs. Le petit tailleur et autres histoires de galère*, 2002.

– BODENMANN Guy, *Le dépistage du divorce*, 2003.

– SALAMIN Marie-Françoise, *Quand la souffrance devient chemin*, 2003.

– DAVIN José et SALAMOLARD Michel, *Avec nos défunts, la relation continuée. De la mort et du deuil à la présence nouvelle*, 2003.

– PERRET-CATIPOVIC Maja et BAVAREL Michel, *Le suicide des jeunes. Comprendre, accompagner, prévenir*, 2004.

– ZERMATTEN Jean (dir.), *Les droits de l'Enfant. Douze récits pour ne pas s'endormir*, 2004.

– AMHERDT François-Xavier, *Prier en famille. La part secrète des jours*, 2005.

– STUTZ Pierre (traduit de l'allemand par Michel SALAMOLARD), *S'épanouir au rythme des saisons*, 2005.

– SALAMIN Marie-Françoise, *Le bon sens de la vie. Trouver son propre chemin*, 2005.

– THEYTAZ Philippe, *Réussir à l'école. Parents, élèves, enseignants… ensemble*, 2005.

– PETITCLERC Jean-Marie, *Une éducation non violente*, 2005.

Achevé d'imprimer en France le 10 février 2006 sur les presses de

LDG

52200 Langres - Saints-Geosmes

Dépôt légal : février 2006 - N° d'imprimeur : 6186